老後資金2000万円はこの株でつくりなさい！

杉村富生
個人投資家応援団長

すばる舎

❖……まえがき

◉本格的な投資の時代が到来、このチャンスを生かそうじゃないか！

日本人はリスクを極端に嫌う。個人金融資産の5割強に相当する1000兆円が微々たる利息、ゼロ金利の預・貯金、現金として放置されている。「お金に働いてもらう」との視点に欠けている。何とももったいない話ではないか。

株価上昇が激しいブラジルでは「キャッシュが最大のリスク商品」だという。超低金利の日本では預・貯金、現金はほとんど〝利〟を生まない。それだけではないだろう。

インフレは本当に起こり得ないのか。膨大な過剰流動性の供給、世界景気の回復は物価を確実に上昇させている。すでに、穀物市況、WTIに代表される原油価格は値上がりが著しい。早晩、原油価格は「1バレル＝100ドルに乗せるだろう」といわれている。

日々の生活を苦しくする物価高→インフレには、リスクヘッジが必要となる。これには株式投資が有効な方法、手段となる。

日本の個人金融資産は1900兆円後半の水準で足踏み状態だ。これは、この30年の間に日本人が「貧乏」になったことを意味する。

ちなみに、リスクはラテン語の「リズカーレ」を語源とし、「勇気を持って試してみる」「危険を承知で挑戦してみる」といった意味があるとされる。そう、今こそ勇気を持って一歩前に踏み出すときなのだ。外部環境は急好転を示している。

利上げはテーパリング（資産買い入れ額の縮小）終了後になる。中国・恒大集団の経営危機は中国政府がソフトランディングを目論んでいる。本章で詳しく述べるが、これをきっかけに金融危機に発展することはないだろう。バブルつぶしに狂奔《きょうほん》した１９９０年代の日本とは根本的に違う。

もちろん、多くの日本企業の業績は絶好調だ。収益力は近年、著しく強化されている。２０２２年３月期は、４割前後の増益になる。これは、投資価値の向上を意味する。

それに、企業経営者の意識は変わりつつある。増配、自社株買いはアメリカの企業と比べると、明らかに見劣りするものの、今後は改善に向かうだろう。

いずれにせよ、これに政府の成長戦略、改革路線が加われば、割安修正とともに長期上昇トレンドに転換するだろう。そのタイミングは近づいている。すなわち、ようやく待望久しい本格的な投資の時代が到来する。

◉豊かなシニアライフを迎えるために安心老後の資金を株式でつくる！

「人生100年時代」を迎えている。明治中期の平均寿命40～50年とは違う。長生きのリスクである。そう、豊かな老後をどうすごすか、その資金をどうするか。これが国民の多くにとって、切実な問題となっている。

公的年金（国民皆年金制度）が導入されたのは1961年のこと。当時は高度成長期であり、少子高齢化などという言葉はなかった。小・中学校がいくつもあり、1学年5～10クラス（それも最近の27人編成などではなく、50人編成）が普通だった時代である。

ちなみに、1961年は65歳以上の人がわずか550万人（現在は3640万人）ほどにすぎなかった。日本の確定給付型年金（運用、給付の責任を国、企業側が負う）は、人口動態の変動に弱い。少子高齢化の進展に直撃される。

何しろ、負担する人よりも受給する人のほうが格段に多くなる。年金財政は早晩、行きづまる可能性が高い。もちろん、まったくダメになるわけではない。すでに、支給年齢の繰り下げ、支給額の減額が行なわれている。

豊かな老後を迎えるためには健康、かつ資金が必要だ。老後の資金は2000万円とか、3000万円が必要といわれている。この資金を公的年金だけで捻出するには無理がある。当たり前の話だが、月額6万円程度の国民年金で夫婦2人が暮らすのは困難だ。ましてや、住居を借りていれば家賃が必要になる。

日本の公的年金は3世代同居を前提にしている。テレビアニメ『ちびまる子ちゃん』を観ると分かりやすい。ここは主人公まる子の両親（さくらひろし・すみれ）、祖父母（さくら友蔵・こたけ）、まる子の姉（さくらさきこ）の6人家族だ。お父さんのひろしは働いている。家は持ち家の設定である。友蔵夫妻は年金暮らしだが、楽しく生活している。なぜか。それは現役世代との同居がヒントになる。政府は、3世代同居を推奨している。しかし、今どき3世代同居は困難だ。逆に、単身世帯が増えている。結局、老後の資金は自分でつくり出すしかない。いわゆる、自分年金の創設である。現状、その手段としては株式投資しかないのではないか。もはや、人任せで「人生100年時代」は乗り切れないと思う。

株式市場はコロナショックを克服、世界経済の回復とともに明るい展開が予想されている。ゴルディロックス（最適な投資環境）との声もある。安心老後の資金を株式でつくる――本書がそのように考えておられる皆様の参考になれば、幸いである。

２０２１年12月

杉村　富生

老後資金2000万円はこの株でつくりなさい！　◉……目次

第1部 増配銘柄編

【第1章】驚愕的高配当を実施！ 海運株のゆくえと攻略法

第1部 増配銘柄編

［第2章］ 短期・長期別に買ってみたい増配増益銘柄ベスト5

第2部 銘柄発掘・分析編

〔第3章〕 新テーマ株で株価大化けの夢を追う

第2部 銘柄発掘・分析編

［第4章］杉村富生の株価「一刀両断」

〔最終章〕2022年の相場展望＆「市場別」勝負銘柄！

期待される東証改革の目玉はプライム市場の創設！

（注）本書に掲載しましたチャートの銘柄表記は、ゴールデン・チャート社に準じております。また、日経平均株価は、正式には小数点第2位の銭単位までありますが、本書では煩雑になるのを避けるため、小数点以下は切り捨て表記しております。なお、本書に掲載された内容は、情報の提供のみを目的としております。投資、運用における判断は、読者各位の責任においてお願いします。

[序章]

株式投資で「安心老後を実現させる!」という考え方

「長生きのリスク」に直面する人生100年時代
健康寿命の延伸と不足する生活費の補てんをどうするか

◇コロナ禍で平均寿命と健康寿命の格差が拡大、生き方を変えた！

「安心して暮らしたい」、かつ「豊かに」と誰もが切に願う。しかし、それがいかに難しいことであるか、多くの人が実感しているのではないか。

2020年の年明け早々、中国武漢発の集団感染が起きた新型コロナウイルスは、その後も感染拡大が止まらず、2021年の秋になっても世界的なパンデミック（大流行）は続いている。一時のピークを越えたとはいえ、実に世界の感染者数は2億5000万人を突破、死者は500万人を超えている。

日本の状況も深刻だった。2021年8月30日時点で確認された国内感染者は147万人を超え、重症者は連日最多を更新した。特に深刻さを増したのは、感染しても入院できない自宅待機（放置）者が急増した点にある。この時点で日本の医療体制は、「事実上崩壊した」との見方ができる。

しかし、日本の場合、新型コロナの感染拡大のピークは越えたといえる。猛威を振るう変異型ウイルスの動向次第だが、3年後の2024年にはほぼ収束し、ワクチン接種も現在のインフルエンザ並みの扱いになっているのではないか。

2021年11月中旬現在、コロナワクチンの接種率（2回目）は75％を超え、アメリカの58％、ドイツの67％を上回っている。2021年のゴールデンウィーク明けにはわずか5％にすぎなかった。これはオペレーションシステムの勝利だろう。

ただし、懸念されるのは、新型コロナウイルス感染拡大によって、医療機関の受診を控える動きが定着化したことにある。厚生労働省によると、2020年度の概算医療費は42兆2000億円で、これは前年度より1兆4000億円減っている。

特に、75歳以上の人の医療費は16兆6000億円と、前年度比4000億円もの減少である。腰、膝、関節痛などに悩む高齢者は多いが、受診の手控えにより、整形外科に通う人も大幅に減っているという。

2020年における日本人の平均寿命は、女性が87・74歳、男性が81・64歳でいずれも過去最高を更新している。しかし、医療機関の受診手控えにより、専門家の間では平均寿命と健康寿命の格差拡大などが心配されている。

平均寿命がいくら延びても、何年も寝たきりの生活では悲しく辛い。コロナ禍は、健康のありがたさを痛感させてくれた。「人生100年時代」をいかに健康で生き抜くか。令和時代の中高年、高齢者にとって、それはとてつもなく難儀なテーマになったのである。

◈老後生活に必要なお金を年金と貯蓄だけでまかなえるのか

さて、「人生100年時代」を生き抜くためには、健康寿命の引き延ばしとともに、生活費の確保も極めて重要な課題となる。すなわち、健康を維持すること、お金に困らないようにすることは、車の両輪のようになくてはならない関係といえる。

生命保険文化センターの「生活保障に関する調査」（2019年）によれば、老後の生活に対する不安として最も多いのは、「公的年金だけでは不十分」であること、二番目は「日常生活に支障が出る」こととなっている。

注目したいのは、「公的年金だけでは不十分」と答えた層は、40歳代の男性と女性がいちばん多く、60歳代の男女を大きく引き離していることだ。これは当然だろう。60歳代の人たちは公的年金をほぼ満額、受給できる。しかし、若い人たちは確定給付型年金の弱点に直撃される。

　また、この調査によると夫婦２人の老後に最低必要な生活費は平均額が22万１０００円となっており、20～25万円未満と答えた人が全体の３割近くを占めている。これは、２０１９年全国家計構造調査（総務省）の１カ月平均消費支出23万７０９１円ともほぼ一致する。

　ちなみに、先の調査が示すゆとりある老後生活のための上乗せ額は、平均で14万円である。すなわち、ゆとりある老後生活に必要な平均月額は、36万１０００円（22万１０００円＋14万円）ということになる。

　仮に、老後の１カ月分の消費支出額を23万円とした場合、現在65歳の人が95歳になるま

◉老後生活に必要なお金と不足金の例

老後に最低必要となる生活費の平均額
221,000円

ゆとりある老後生活に必要な生活費の平均額
361,000円

（いずれも夫婦2人の場合）

▶1カ月分の消費支出額　230,000円

国民年金の平均支給額……　55,000円
→175,000円　不足

厚生年金の平均支給額……　147,000円
→83,000円　不足

での30年間ではいくら必要になるだろうか。物価上昇などを加味せず、単純計算しただけでも23万円×12カ月×30年＝８２８０万円となる。

このうち、公的年金ですべてカバーできる人はどの程度いるだろうか。年金機構のデータによると、国民年金のみの平均支給月額は約5万５０００円。満額支給月額（納付期間40年間）でも約6万５０００円である。これでどう生活せよ、というのだろうか。現実的には無理な話である。

一方、厚生年金（国民年金分を含む）の平均支給月額は約14万７０００円となっている。したがって、厚生年金の受給者であっても、老後の1カ月分の消費支出額を23万円とした場合、月々8万３０００円不足するのだ（23万円－14万７０００円）。すなわち、かつて物議をかもしたが、老後の資金は「２０００万円」ほどあっても不足する。

ネット、雑誌等にはマネー情報があふれている。それに目をやると、「だからこそ、老後資金のための貯蓄が必要。始めるのは、若ければ若いほどよい」といったような記事のオンパレードである。

しかし、仮に月々8万３０００円の不足金を貯めようとしても、それを続けられる人は何人いるのだろうか。

◈お金は「時間に稼いでもらう」という発想を持て

年代別平均年収は、厚生労働省の「令和2年賃金構造基本統計調査」によると、20代が約228万円、30代289万円、40代338万円、50代368万円となっている。

また、年代別平均貯蓄額は、厚生労働省の「国民生活基礎調査」によると、20代が約154万円、30代403万円、40代652万円、50代1049万円である。ただし、平均借入金も20代が約263万円、30代865万円、40代862万円、50代581万円ある。もちろん、正社員と非正規社員との賃金格差も著しい。それに、平均的な賃金はこの30年間、ほとんど増えていない。

さらに、たとえ涙ぐましい努力と節約で月々8万円以上貯められても（10年で960万円、20年で1920万円、30年で2880万円）、現在のような超低金利政策が続く限り、元本は物価上昇分を加味すれば、実質マイナスになるだろう。

筆者の持論の1つは、「お金は時間に稼いでもらうこと」である。お金はタンス預金にしておいても、1円も利息を生まない。お金は時間の経過とともに利が乗り、資産価値をアップするようにさせなければならない。そう、「お金に働いてもらう」感覚である。

しかし、2021年9月時点の普通預金金利（標準金利）は0・001％であり、定期でも0・002％（300万円未満の標準金利）にすぎない。これでは、5000万円預けてもスズメの涙ほどの利息しか生まない。

一方、アメリカの個人金融資産は、株高効果と株式シフトがあって109兆ドル（約1京2000兆円）に膨らんでいる。

昔は預・貯金の金利が高かった。定期の預・貯金金利が5％だった時代は、5000万円預けておけば、年間の利子は250万円にもなった（取引コスト・税を除く）。このようなときであれば、資産拡大のための投資、趣味的な投資は別にして、お金を株式などで運用しなくてもよい。

しかし、今は状況が違う。超低金利が続けば、3000万円の預・貯金があっても、毎

◉預・貯金3,000万円の14年後(例)

◎…預・貯金3,000万円あっても ⇩

毎月175,000円ずつ取り崩せば、14年後の残金は60万円!

3,000万円－（175,000円×12カ月×14年）＝60万円 ……(A)

◎…3,000万円で配当利回り4%の株式を購入すれば ⇩

14年間の配当収入は1,344万円!

3,000万円×0.04×0.8×14年＝1,344万円（税引き推定金額）
※仮に購入した株式の価値が14年後、半分(1,500万円)になっても
配当収入1,344万円を合算すれば、2,844万円になる！

1,344万円＋1,500万円＝2,844万円 ……(B)
※預・貯金3,000万円を取り崩した場合の残高60万円(A)と
配当利回り4％の株式を保有し続けた場合の残高2,844万円(B)の差額は2,784万円！

2,844万円(B)－60万円(A)＝2,784万円

年300万円ずつ取り崩していけば、わずか10年でゼロになってしまう。長生きの時代には絶対足りないと思う。

もとより日本人はリスクを嫌うが、預・貯金（タンス預金を含む）にいくら精を出しても、老後の生活費は確実に不足する。すなわち、もはや年金と預・貯金だけで安心老後を実現させることはできない。したがって、預・貯金以外の方法で「お金を増やす」「時間にお金をつくってもらう」方法を考えなければならないのである。

◈株式投資は短期・順張り、長期・逆張りを混同させてはいけない

筆者の知人Fさんは、「相場好きの投資下手」を自認するのんきな男である。30年以上、株式投資を細々と続けてきたが、毎年、勝ったり負けたりの繰り返しで安定感がない。これでは極端な話、競馬・競輪などと同じではないか。

Fさんの本業は、書籍、雑誌などの編集、校正である。専門職なので定期的に仕事があり、「一芸は身を助ける」というところか、60歳をすぎても教育系の老舗出版社に雇われ、2021年の4月までは現役編集者として多忙な日々を送っていた。

しかし、65歳になる直前、コロナ禍を主な理由に会社から退職勧告を受けたという。F

さんはあと2～3年勤務するつもりでいたが、非正規社員（アルバイト従業員）だったのでいかんともしがたく、退職を余儀なくされた。典型的なコロナ退職、お払い箱である。

Fさんはその後も求職活動を続けていたが、どこにも（10社以上）採用されず、ついにわずかな年金と株式投資の稼ぎで老後を生き抜く覚悟を決めた。大丈夫なのだろうか。そして、筆者のもとを訪れ、このように尋ねた。

「先生、私のように株式投資において収益が安定しない者は、どうしたらいいでしょう。損したり、儲かったりの繰り返しです。」

「それはまず、短期投資と長期投資のやり方をはっきり分けることです。Fさんは短期投

私は投資歴が長い割に
収益が安定しません。
着実に儲け続けるためには
どうしたらいいでしょう？
株式投資で大事なことは、
大きくヤラレないことです。
それと、銘柄を選ぶ前に、
短期・順張りか長期・逆張りか
投資スタンスをはっきりさせる
ことが必要です！

資、長期投資どちらが主体ですか」

「そうですね、私の場合は投資資金が限られています。ですから、短期売買のほうが多いです。本当はもう年のせいで頭の回転が鈍ってきましたので、できれば長期投資主体でいきたいのですが、お金があまりありません」

「う〜ん、厳しいですね。本当は株式投資を始める前に〝投資の3性〟といいますが、お金の性格、商品の性格、自身の性格をしっかり確認しておく必要があります。何となくこの世界に足を踏み入れた人は苦労します」

「どういうことですか」

「だって、そうでしょう。運用資金がどんなものか、しっかり見極めておかないと。老後の資金か、マイホームの資金か、子どもの結婚資金か、なくなってもいいようなお金か、いろいろあるでしょう。Fさんは老後の資金ですよね」

「そうです。それを増やしていきたいのです」

「まあ、年齢が年齢です。まず、資金を一気に増やそうなどと考えてはいけません」

「資産は増えませんか」

「正直、無理な話です。材料株、仕手株は一気に2〜3倍になったりしますが、その反面リスクも大きいのです」

「いやはや、大変ですね。やはり地道にやるしか方法はありませんね」

「そうです。それと、投資戦術を自分の性格に合わせて、短期・順張りか長期・逆張りか、分けることです。100対0ではありません。これはポートフォリオの配分です。

それに、材料株のような銘柄は、人気が長続きしません。短期投資でトレンドが上向きのときは買い増してもいいですが、下げトレンドになってからのナンピン買いは禁物です。大ケガをするだけです」

「それです。私はナンピン買いが大好きですが、それでよくヤラレます」

「Fさん、あなたはどうやら中・長期投資に

◉株式投資でうまく儲けられない人のパターン

1. 短期投資と長期投資を明確にしないで、やみくもに買う人
2. 常に、限度額ギリギリまで投資資金を使う（お金を酷使する）人
3. 下降トレンドの銘柄なのにナンピン買いを続ける人
4. 全般相場が軟調なときでも、主力大型株だけを買う人
5. チャートを一切見ないで高値づかみを繰り返す人
6. 大勢の意見を鵜呑みにし、「少数意見」を無視する人

…etc.

向いているようですね。配当をたくさんくれるような高配当・好業績銘柄は、全般相場にツレ安しても決算期末になるとまた上がってきます。安値を買い下がってもいいのは、こういう銘柄です。まあ、基本原則を守って頑張ってください。ただし、くれぐれもあせらないように」

Fさんは、その後もあれこれ聞いてようやく帰っていった。筆者は、「安心老後の準備資金を株式でつくりたい」というFさんの考え方は間違いではない、と思う。ただし、繰り返しになるが、時間をかけることが必要となる。そして、銘柄選択と投資姿勢が正しくなければ破たんする。

人生100年時代は、「長生きのリスク」と直面する時代でもある。安心老後の備えに対する始動は、早いに越したことはない。思い立ったが吉日ともいう。現在の金融状況下、長生きのリスクを軽減させる切り札は、株式投資（株式貯蓄）しかない、と思う。

なお、株式投資でうまく儲けられない人のパターンには、前ページに示したようなものがある。これらは最低限の投資哲学・ノウハウに関するものだが、投資を行なう前には投資の「基本の基本」をしっかり学んでおいてほしい。すなわち、これらのパターンとは逆の投資行動を取れば、株式投資の成功率がグーンとアップすることになる。

これから3年、東京株式市場に追い風が吹く 変革を求められる経営者、株主が報われる時代に

◈サプライズ決算が続く主力企業の業績V字回復

安心老後のための準備資金を株式投資でつくる——この命題は、株式市場を取り巻く環境が好転すればするほど、その達成率が高くなる。

2021年は、コロナ禍のなかにあっても、上場企業の業績回復が鮮明になってきた。日本経済新聞社の調べによると、2021年4～6月期の売上高純利益率は、前年同期比4・4ポイント増の6・8%を達成した。これは、4～6月期としては3年ぶりの過去最高水準である。

特に「視界良好！」と思えるのは、主力企業の急回復ぶりである。鉄鋼の最大手・**日本製鉄（5401）**は、2021年8月3日、2022年3月期の純利益を過去最高の3700億円（黒字転換）になると発表した。前期は324億円の赤字であり、当初予想も2

400億円の黒字であっただけに、市場関係者の度肝を抜いた。その後、さらに増額修正（5200億円）を行なっている。

当時、アナリストの予想平均は2628億円であり、これを1072億円も上回ったことになる。まさに、サプライズである。株価はこれを素直に好感し、8月3日の終値1974円が1カ月後の9月3日には2280・5円（上昇率15・5％）まで買われている。

FAセンサーのトップ企業である**キーエンス（6861）**は、2021年4〜6月期の売上高純利益率が39・8％と高く、上場来高値の更新が続く。2021年9月14日には、7万6210円をつけた。機関投資家は、基本的に「買って売らない」投資戦術を採用している。**東京エレクトロン（8035）**なども同様だろう。

レンズで有名な**HOYA（7741）**も高収益体質が定着しており、最近は次世代半導体向け部材が大きく伸びている。業績も絶好調。2021年4〜9月期の純利益は、前年同期比45・9％増の842億円を達成した。株価は上場来高値の更新が続いており、2万円大台乗せが期待されている。

さらに、ヘルスケア大手の**ユニ・チャーム（8113）**も2021年1〜6月期の純利益が399億円（前年同期の約2倍）となり、2021年12月期通期では750億円規模になると予想されている。同社では、利益率の高い生理用品、高機能マスクなどの販売が引き続き好調。株価は２０２１年８月４日の決算発表後、９月10日には16％高となる５２０８円まで買われている。

◈本腰を入れ始めた経営者の株主優遇姿勢

日本では、企業業績の好転とともに、投資家にとって喜ばしい現象が起きている。遅まきながら、企業側の株主優遇姿勢がようやく本格化し始めたのである。

ご存知のとおり、株式投資には、株価の上げ下げによる利益（キャピタルゲイン）を狙うだけでなく、配当・優待取りを狙う（インカムゲイン）目的もある。

◉キーエンス（6861）の週足

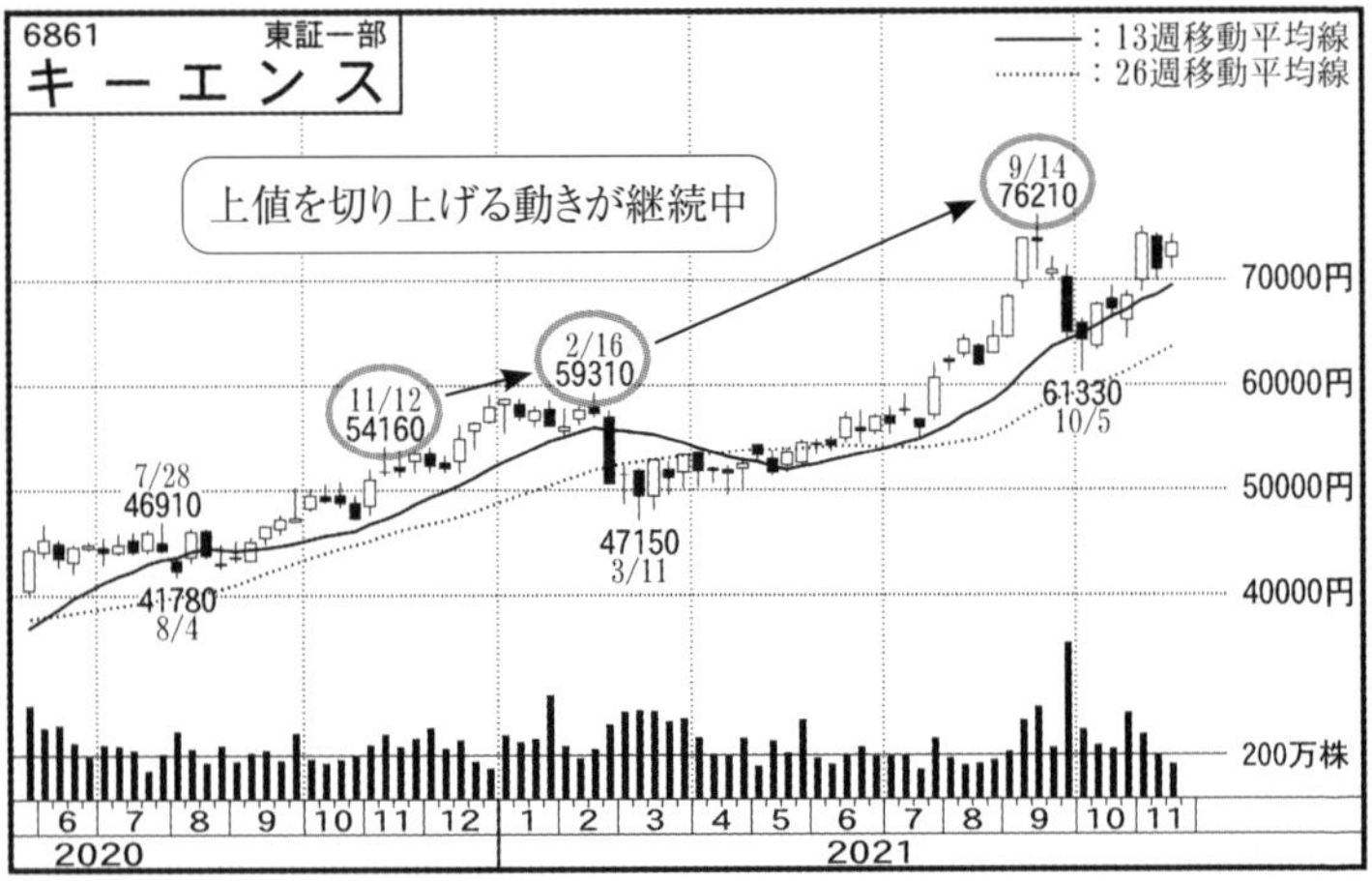

ただ、従前の日本企業には配当を二の次にする風潮のようなものがあり、投資家サイドにも売買益の獲得だけを求める傾向が強かった。これは、戦後の日本株が長期上昇を続け、基本的に優良銘柄を買っておけば儲けられたことが大きく影響していると思う。

しかし、日経平均株価は１９８９年12月末にピークアウト。以降、長期下降相場に転じた。バブル経済の崩壊による「失われた30年（25年などともいう）」の始まりである。

長期低迷相場が続くなか、日本企業の経営者は安定株主の確保と株価下支えのため、株主優遇の必要性を痛感するようになっていった。加えて、最近は「モノ言う株主」が増え

◉ユニチャーム（8113）の週足

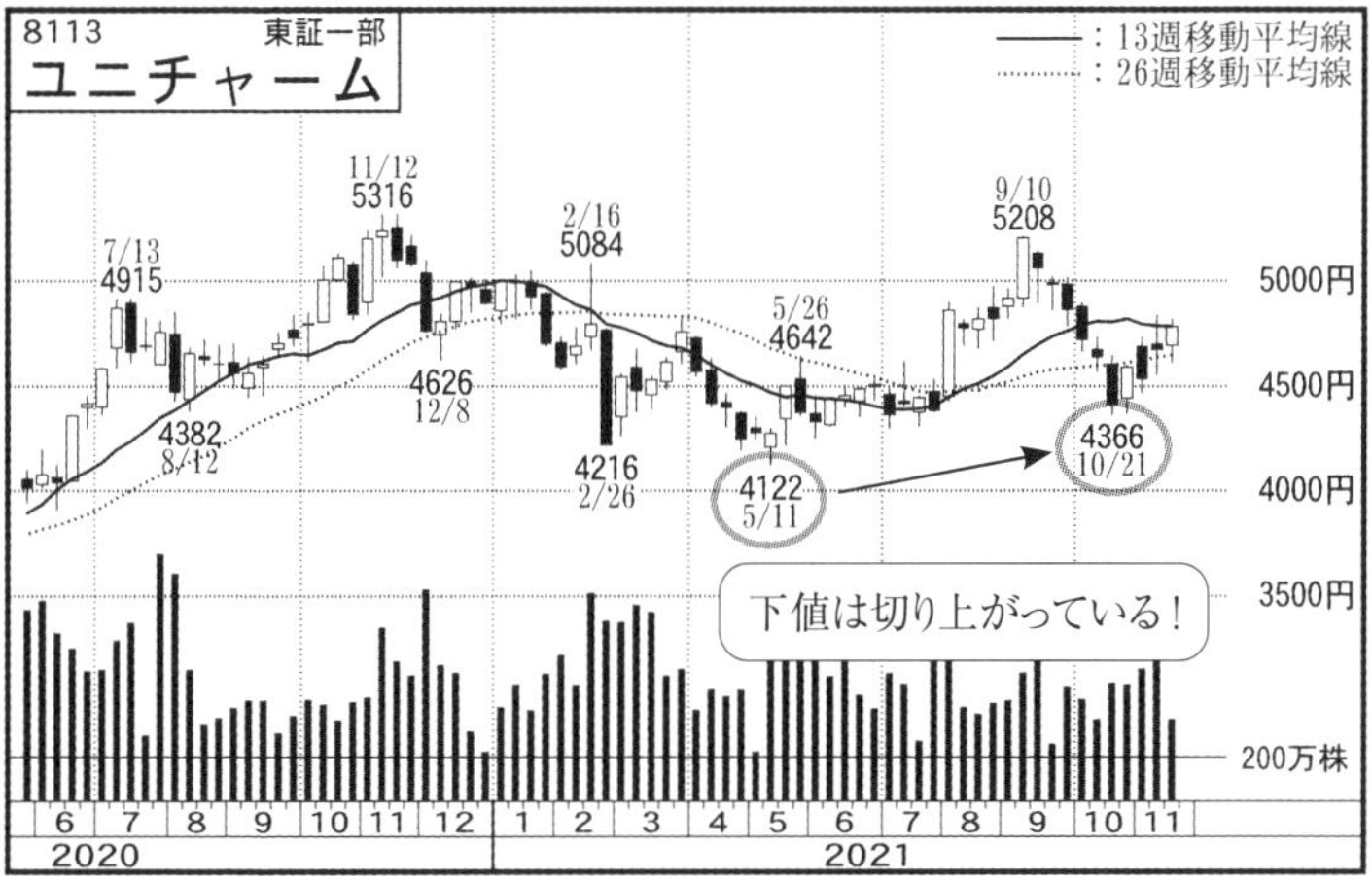

てきた。このため、会社側は以前のように内部留保を積み上げることが難しくなっており、否が応でも株主優遇策を講じなければならなくなった。

◈大幅増配、自社株買い実施企業の増加は時代の流れ

もちろん、この状況の変化は株式投資のメリットを向上させる。上場企業の経営者は、今後よりいっそう、株主優遇を手厚くする必要性に迫られるだろう。この時代の流れに抗《あらが》うことはできない。なぜなら、配当、自社株買いなどの株主優遇に目を背け続ければ、「モノ言う株主」だけでなく、急増している社外取締役陣が黙っていないからだ。もちろん、株価は上昇せず、株主の不満も爆発する。

一般的な社外取締役は、生え抜きのサラリーマン取締役とは異なり、雇われた企業・経営者に過度な愛着、ロイヤリティ（忠誠心）を有していない。多額の報酬に見合った職責を果たすため、経営者に問題が生じれば臨時取締役会の開催を要求し、即座に解任決議案を提出する。

実際、似たようなやり方で〝追放〟された大手企業の経営者が、マスコミを賑わすことが増えたではないか。

株主に対する優遇策には配当・優待の実施、自社株買いがある。このうち、高配当銘柄として知られているのは、**日本たばこ産業（2914）**、**日本郵政（6178）**、**三井住友フィナンシャルグループ（8316）**ほかのメガバンク、通信の**ソフトバンク（9434）**などである。

ちなみに、2021年11月時点の年間配当利回り（予想ベース）は、日本たばこ産業が6・0％（年間予想配当140円÷2336円×100）、日本郵政5・8％（同50円÷855・9円×100）、三井住友フィナンシャルグループ5・4％（同210円÷3864円×100）、通信のソフトバンク5・6％（同86円÷1539・5円×100）

◉三井住友フィナンシャルグループ（8316）の週足

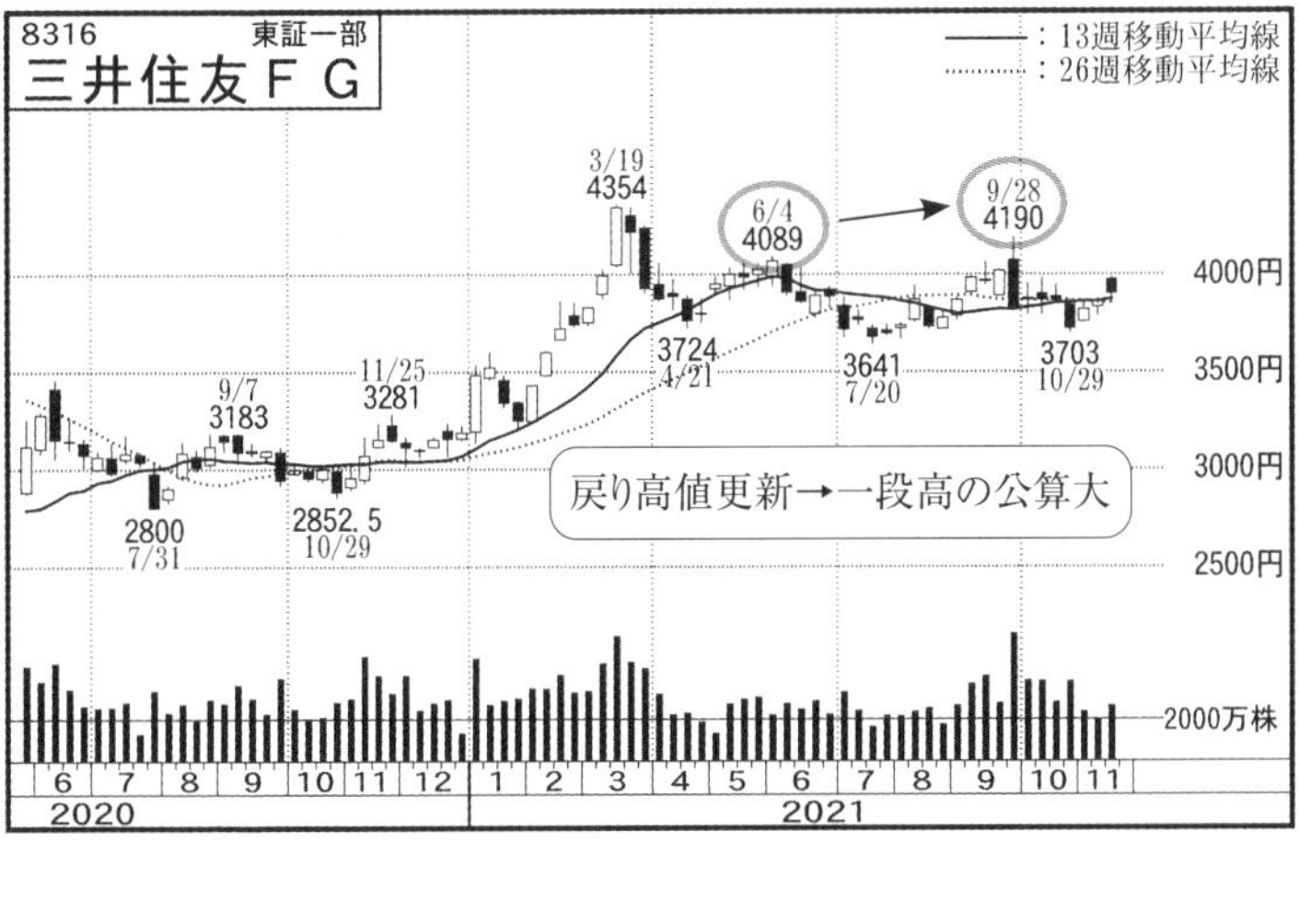

となっている。

実際の配当金額は、三井住友フィナンシャルグループの場合、100株購入すれば年間2万1000円（210円×100株）、手取りで約1万6000円（税金＝20・315％）もらえる。当然、1000株購入すれば手取り約16万円、1万株購入なら160万円もの金額となる。なお、同社では9月中間期と3月期末にそれぞれ105円ずつ配当を実施する予定なので、権利落ち日の前日までに100株以上購入すれば、おおむね3カ月後に現金化することができる。

特筆すべきは、ここにきて高配当を実施する企業が続出していること。その筆頭格は、次の章で詳述する海運株である。

大幅増配企業は、海運のような業績急拡大企業にとどまらない。化学品の中堅商社である**明和産業（8103）**は、2022年3月期の売上高が前期比横ばいにもかかわらず、今期の年間配当を118円（中間期47円＋期末71円）に引き上げた。もちろん、この背景には収益の急拡大（今期純利益が前期比92％増）がある。

これは、実に103円もの増配（前期は年間15円）だ。驚くべき増額ぶりである。もちろん、株価は急騰。ストップ高を続け、わずか数日でほぼ3倍になった。

筆者は、最近、経営者の意識が大きく変化し始めたことを痛感しているが、このような事例は今後頻発すると思う。逆に、増配意識の薄い企業の経営者は「失格」の烙印を押され、追放されるのではないか。

優待企業についてはネット、マネー誌などに情報があふれているので省略するが、その実施（取りやめ等を含む）は株価に大きな影響を与えるようになった。確かに、株主優待を楽しみに長期保有をしている人は多いと思う。

また、株主に対する優遇策として、自社株買いが増えていることも指摘しておきたい。

２０２１年８月27日、**三井化学（４１８３）**は１００億円の自社株買いを発表した。金額

◉三井化学（4183）の週足

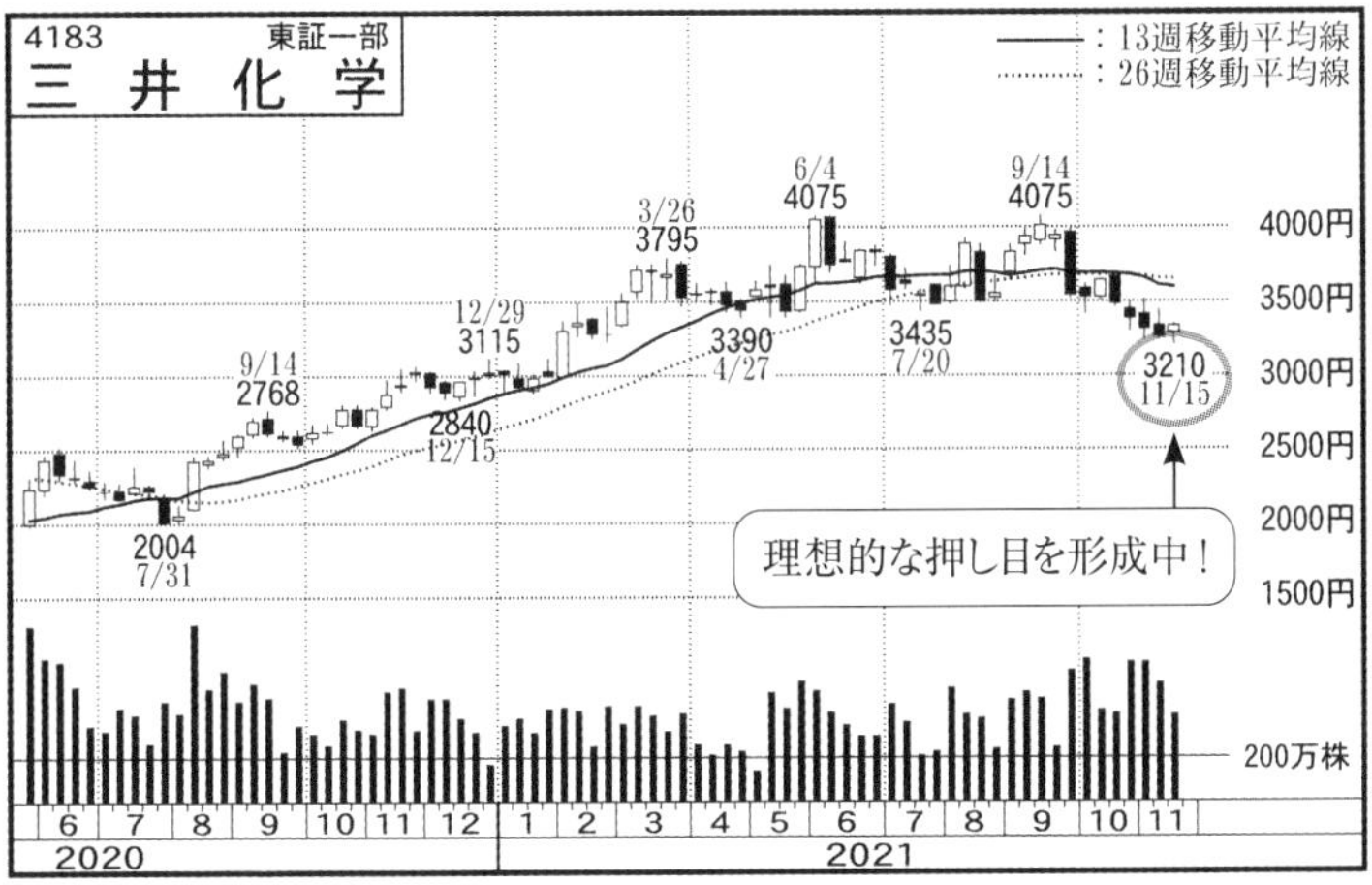

はそれほどでもないが、会社側には自社株買いで株主還元を充実させ、資本効率を引き上げる狙いがあるようだ。

アメリカの場合、自社株買いの金額が毎年、1兆ドル（約113兆円）を超えている。自社株買いは、会社側が業績見通しに自信を持っているという現れでもある。マーケットは、これを好感する。実際、同社の株価は発表以降、続伸の展開となった。

今後、日本でも自社株買いが増えることは間違いない。何しろ、日本はアメリカに比べて株主優遇の金額が少なすぎる。アメリカの株主優遇策は手厚く金額も巨額だが、日本企業にもその姿勢が急速に根づいていくと思う。

なお、2022年3月期の配当金総額は、史上最高の12・3兆円に急増する見通しである。

◈国内政治の動向に強く反応する外国人の投資姿勢

2021年の日経平均株価は、2月16日に3万714円まで上値を追った。しかし、その後は菅政権の新型コロナ対策が後手に回ったこともあり、3月24日の2万8379円↓5月13日の2万7385円↓7月30日の2万7272円と下値を切り下げ、8月20日には一時2万6954円の安値まで売り込まれた。日本株は「独歩安」と酷評されたほどである。

その後、菅首相が自民党総裁選の不出馬を9月3日の日中に表明、新政権に対する大型経済対策などの期待が高まり、日経平均株価は9月14日に3万7795円まで急騰した。これは、8月20日の安値2万6954円に対し、3841円もの値上がりである。

しかし、日経平均株価はこの日をピークに下げ始め、10月6日には2万7293円まで売られた。特に、岸田氏が新総裁に就任した10月4日以降下げ足を速めたことから、この下落は「岸田ショック」と呼ばれた。「分配」中心の政策がイヤ気されたのだろう。

なお、古い話だが、1982年の夏、アメリカでは「ウォール街は死んだ。この街が再び活況を取り戻すことはない」といわれた。いわゆる、「株式の死」だ。NYダウは8月12日に776ドルの安値をつけている。

それがどうだ。2021年11月には高値が3万6000ドルを超え、1982年の安値に対し47倍になった。これは、1981年に就任したレーガン大統領のレーガノミクスの効果である。

すなわち、レーガン大統領はディレギュレーション（規制緩和）、ディファクトスタンダード（事実上の国際標準）、インフォメーション・テクノロジー（情報技術）革命の推進、ベンチャーダイナミズムの波の喚起などの施策を推し進めた。すなわち、改革路線と成長戦略である。

その後、歴代の大統領は共和党、民主党を問わず、この基本線を崩すことはなかった。この結果こそが日米の株価の差につながったのだろう。

9月3日以降の急騰→急落劇は、東証の売買代金の約7割を占めるといわれる外国人投資家の「独り相撲」的な側面が強い。彼らは、日本人よりはるかに政治に敏感だが、その捉え方は単純のように思える。

ただ、一連のドラスティックな投資行動に巻き込まれた日本の個人投資家が翻弄《ほんろう》され、混乱したことは事実だ。もちろん、流れについていけず、大きな損失をこうむった人も多いと推察する。しかし、嘆いていても仕方がない。これが東京株式市場の現在の実相である。

◇日本株の上値余地大、地平線の彼方に3万8915円が見える！

日経平均株価は、2021年11月22日の終値が2万9774円である。バブル時代の史上最高値に対し、76％ほどの水準にとどまっている。

また、ご承知のように日経平均株価はNYダウに大きな影響を受ける。基本的に直近のNYダウが上昇して引けば、その日の日経平均株価もツレ高し、NYダウが下落して終われば、日経平均株価も弱含みの展開となる。

すなわち、NYダウと日経平均株価の間には強い相関関係が存在する。次ページの表は、2021年のNYダウと日経平均株価の価格差を示している。それを見ると、1月の初めには3052ポイント（日経平均株価はNYダウの0・9倍の水準）だったものが、3月の初めには1646ポイント差（同0・95倍の水準）まで縮小した。ただ、最近はNY市場の独歩高である。

しかし、その後は一貫して拡大し続け、8月の初めには7475ポイント（同0・79倍）まで拡大した。日経平均株価は8月20日に年初来安値をつけ、9月以降急上昇に転じたが、それでも直近はまだ6000ポイント以上差が開いている。

NYダウに対し、このように大きく割り負け続けたのは、国内要因によるところが大きい。その多くは、政治にある。アメリカはレーガノミクスを断行、「偉大なアメリカの再構築戦略」を断行した。その結果がNYダウと日経平均株価の格差拡大につながったのだろう。

２０２１年11月現在、ＮＹダウは３万６０００ドル台に乗せている。今や、ＮＹ市場の時価総額は６０００兆円を超え、膨張を続けている。国際マネーを引きつけているのだ。しかし、株価は「天には届かず」という。アメリカのひとり勝ちの状況が未来永劫、継続するはずがない。やがて、膨大な資金が東京市場に流入する。

そのタイミングは近いと思う。何しろ、東京市場はアメリカ市場の約８分の１のスケールだ。アメリカ市場の１割の資金が流入しても、そのインパクトは大きい。したがって、老後資金を確保するためには株式投資が最適となる。


◉NYダウと日経平均株価の価格差推移（2021年）

月	NYダウ （ドル＝A）	日経平均株価 （円＝B）	価格差 A−B（B÷A）
1	30,627	27,575	3,052（0.90）
2	30,054	27,649	2,405（0.92）
3	31,065	29,419	1,646（0.95）
4	33,054	29,441	3,613（0.89）
5	33,904	29,024	4,880（0.86）
6	34,584	28,998	5,586（0.84）
7	34,507	28,832	5,675（0.84）
8	34,968	27,493	7,475（0.79）
9	35,387	28,179	7,208（0.80）
10	33,930	29,235	4,695（0.86）
11	36,432	29,557	6,875（0.81）

（注）NYダウと日経平均株価は、ともに月初の始値。ただし、11月はNYダウが8日の終値。日経平均株価が9日の始値。

あとでも述べるが、株式投資は値上がり益プラス配当があり、株式分割によって保有株式が増える。もちろん、株主優待もある。この機会にぜひ、株式投資の魅力を再考してみてはいかがだろう。

筆者は、数年前より「はるか地平線の彼方に3万8915円が見える！」と主張してきた。3万8915円とは、バブル景気がピークを迎えた1989年12月の末、大納会で示現した日経平均株価の史上最高値（終値ベース）である。

今後は徐々に、株式市場では3万8915円に向けた動きが現実のものとなるだろう。実際、日経平均株価は2021年9月14日に3万795円まで上昇している。これはバブル相場崩壊後、およそ31年ぶりの高値であり、年初の2万7575円を11・7％も上回っている。

なお、日経平均株価の史上最高値3万8915円の80％水準は3万1132円であり、90％水準は3万5024円になる。日経平均株価の月足チャートを見ると明らかに上値指向を強めており、このようなフシ目に接近→突破する可能性が高まってきた。

したがって、安心老後のための準備資金づくりは「株式投資に限る！」と強く主張できるのである。この絶好機を見逃してはならない、と思う。

コラム 1

『老後の資金がありません！』といわれても

『老後の資金がありません！』は、2021 年の秋に公開された**東映（9605）**配給の映画である。ベストセラー小説を映画化したものだが、とにかく「笑える」「泣ける」と評判になったようだ。

主演は、節約をモットーとする主婦・後藤篤子を演じる天海祐希。その夫は、家計に無頓着なサラリーマンの章（松重豊）である。このほか、章の母（篤子の姑）に草笛光子、章の妹に若村麻由美、篤子の両親に竜雷太と藤田弓子、篤子のヨガ仲間とその父親に柴田理恵と毒蝮三太夫など芸達者がそろい、「老後の資金問題」という難題をめぐって丁々発止のやり取りが展開される。

映画の冒頭、篤子は経済評論家（荻原博子氏：本人出演）が「老後の資金は 4,000 万円必要なんですよ！」と叫ぶテレビを観てギクリとする。篤子はこれまで、夫の給料と自分のパート代をやり繰りして老後の資金（700 万円余り）を貯めてきた。

しかし、夫の父親が亡くなり、400 万円近い葬式代、フリーターの娘の結婚費用など、老後の資金が一気になくなるような出来事が次々と襲いかかる。そのような状況下、折悪く篤子はパート先を解雇（契約満了）され、夫の会社も倒産してしまう。

この結果、夫は住宅ローンを完済するための退職金ももらえなくなるのだが、篤子の苦境はここで終わらない。夫の両親に毎月 9 万円送っていた仕送りを捻出できなくなり、姑を引き取り同居することになったのだ。老舗和菓子屋の女将だった姑は、よいものなら高くても買ってしまうという浪費家で、その金遣いが後藤家の家計をさらに圧迫する。

結末の内容は省くが、「人生 100 年時代」と喧伝《けんでん》される社会において、年金と貯蓄だけでは老後の生活が成り立たない――この映画は、現代日本の多くの人が抱える大問題を改めて考えさせてくれることだけは確かだ。名作である。

第1部　増配銘柄編

株式投資は利回りに始まり、利回りに終わる

［第1章］

驚愕的高配当を実施!
海運株のゆくえと攻略法

株価は配当利回りを意識して動く
株式市場が狂喜雀躍した海運大手の大増配

◇「最終的には利回りがものをいう」という事実

株式投資は、「利回りに始まり、利回りに終わる」といわれる。これは筆者の持論でもある。好業績株がなぜ、買われるのか。それは、好業績→増配が期待できるためだろう。実際、完成車メーカーの配当利回りと2021年の株価推移を比べてみると、それは歴然としている。

世界最強の自動車メーカーである**トヨタ自動車（7203）**の場合、2021年の株価は1606円（株式分割後の価格）でスタートした。この時点の配当利回りは3・0％（年間配当48円÷1606円×100）であったが、同年10月20日の終値は2031・5円まで値上がりした（上昇率26・5％）。

同じく年間配当110円の**ホンダ（7267）**は、年初の2906・5円（配

用語解説

●配当利回り

配当利回りは、1株当たりの年間配当金（総額）をその時点の株価で割って算出する。したがって、配当利回りは株価が下落すれば高くなり、株価が上昇すれば低くなる。

●無配

文字どおり、配当が行なわれないこと。赤字になったり、内部留保を厚くしたいときなどに判断されるが、無配を発表した直後の株価は急落することが多いため、注意が必要となる。

当利回り3・8%）が3489円まで上昇（同20・0%）している。

これに対し、無配の**日産自動車（7201）**は、年初の569円が604円となっており、この間の上昇率はわずか6・2%にすぎない。無配の会社は下げに転じると、下値メドがなくなってしまう。

これは自動車業界に限ったことではなく、他の業界でも同じような現象が生じている。すなわち、株価は基本的に配当利回りを意識して動く。もちろん、株価は業績の変化、材料の出現などにも大きな影響を受けるが、同じような業態、経営環境であれば、最終的には利回りがものをいう。その代表例が次に詳述する海運株である。

◉自動車大手3社の株価推移（2021年）

銘柄	日産自動車	トヨタ自動車	ホンダ
日付／（コード）	（7201）	（7203）	（7267）
1/4始値	569.0	1,606.0	2,906.5
3/31終値	615.9 (＋8.2)	1,723.2 (＋7.3)	3,319.0 (＋14.2)
5/31終値	539.1 (▲5.3)	1,823.0 (＋13.5)	3,353.0 (＋15.4)
7/30終値	630.9 (＋10.9)	1,961.0 (＋22.1)	3,493 (＋20.2)
9/30終値	562.1 (▲1.2)	2,000 (＋24.5)	3,455 (＋18.9)
10/20終値	604 (＋6.2)	2,031.5 (＋26.5)	3,489 (＋20.0)
配当利回り	0.0	3.0	3.8

（注）(　)は1月4日の年初始値に対する騰落率。配当利回りは年間配当÷年初始値×100で算出。騰落率と配当利回りの単位はいずれも%

◈商船三井400円増配、日本郵船500円増配の衝撃

2021年7月30日、**商船三井（9104）**が前場引け後の正午に発表した2022年3月期の業績見通しは、市場関係者の度肝を抜いた。売上高は前期比11%増の1兆1000億円にとどまったが、純利益は3・7倍の3350億円と、6月の予想を1250億円も上方修正したのである。

これは14年ぶりの最高益更新であったが、さらに驚きを呼んだのは、序章でも触れた年間配当を前期の150円に400円も上乗せしたこと。その内訳は、2021年9月中間期に300円、2022年3月期に250円を配当するとした。業績連動の配当は筆者の持論だ。これはマーケットの願望でもある。

これを受け、同社の株価は後場入りとともに急伸、前日比12%高の5650円で引けた。ちなみに、この日の日経平均株価は月末安のアノマリーどおり、前日比約500円安の2万7283円まで下げている。まさに、絵に描いたような逆行高である。増配銘柄は強い。投資家の皆さんの期待がうかがえる。

その後の展開はチャートのとおり。前日比12%高の5650円といっても、冷静に考えれば、年間の配当利回りはこの水準で9・7%（550円÷565

●アノマリー
一般的な法則、理論などでは説明できない現象のこと。マーケットの経験則に基づいた現象としては、2日に最初の取引が始まる月は相場が荒れる（2日新甫は荒れる）など、さまざまなものがある。

●前場・後場
東京証券取引所の場合、午前中（9：00～11：30）に行なわれる取引のことを前場、午後（12：30～15：00）に行なわれる取引のことを後場という。

0円×100）もあった。マーケットはかならずしも「理路整然」とは動かない、ということだろう。

翌営業日、8月2日は5930円で寄り付いた。この価格でも利回りは9・3％だが、この日は始値より160円も安い5770円の下値があった（利回り9・5％）。利回りを考えて対処すれば、このような安値はあり得ないが、それが「相場」というものだろう。

日本郵船（9101）が500円増配を発表したのは、8月4日の正午である。前期の200円を年間700円（9月中間期200円＋3月期500円）にする、とした。筆者は、二番手の商船三井が400円増配したのであれば、海運最大手の郵船も負けじとばかり大増配に踏み切ると読んでいたが、実際、そのとおりとなった。増配幅が商船三井より100円も多いのは、やはりプライドなのだろうか。

◉商船三井（9104）の週足

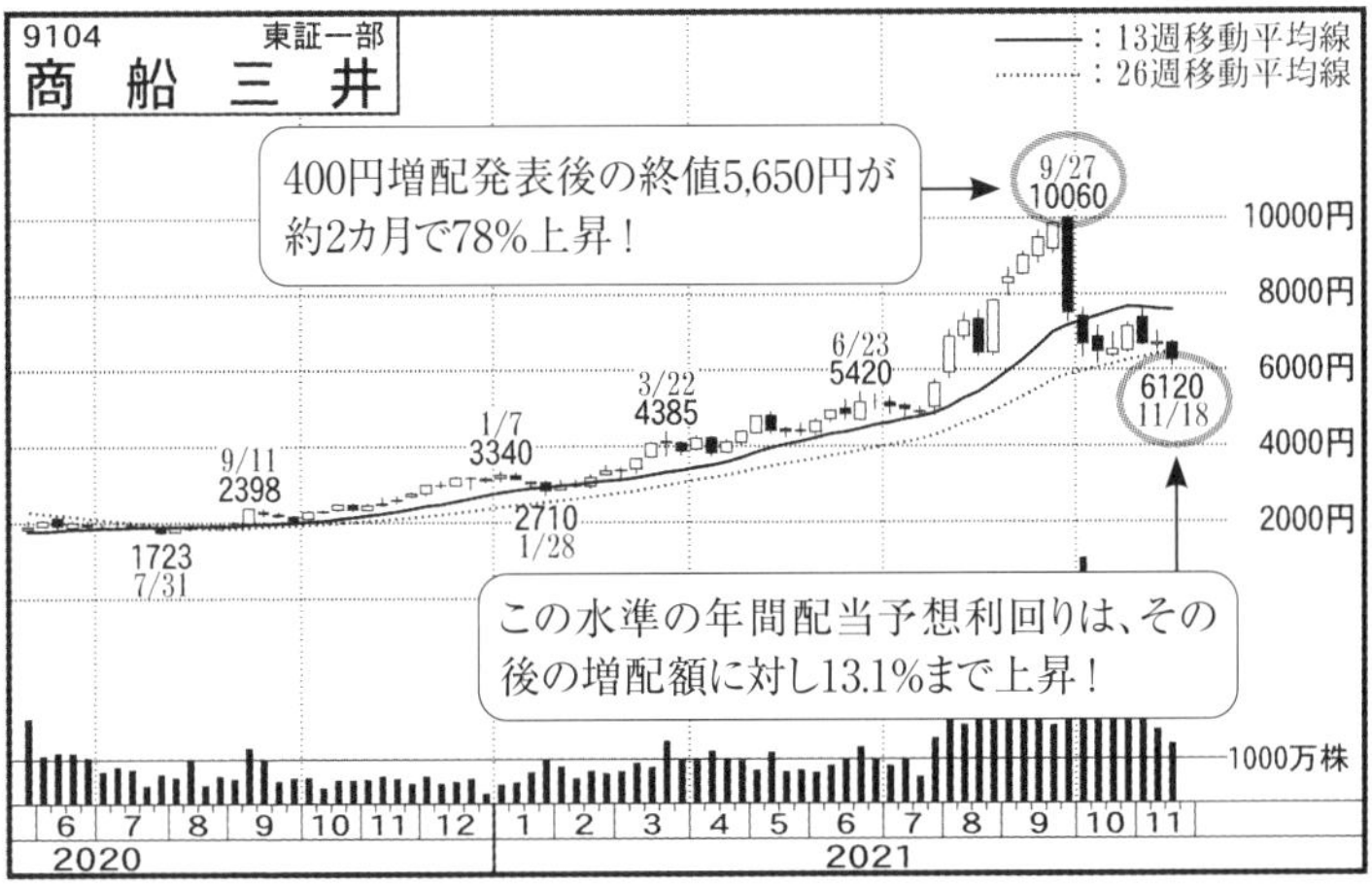

それはともかく、５００円増配のインパクトはすごかった。商船三井の４００円増配発表を受け、郵船株も7月30日以降ツレ高していたが、８月４日の終値は６９３０円（前日比３６０円高）まで買われた。しかし、これでもまだまだ割安である。

翌営業日、８月５日は２４０円高の７１７０円で寄り付いた。だが、この水準でも利回りは９・８％もある。売られる理由は何もない。黙って買いを入れるところである。

案の定、８月11日に同社運航の木材チップ専用船が八戸沖で座礁して油が流出したが、株価にはまったく影響しなかった。株価はトレンドを重視する。

しかし、８月20日、新型コロナウイルス感染拡大の懸念により、日経平均株価が急落。海運株も大きく値を崩した。ただ、結果的にこの急落場面は絶好の買い

◉日本郵船（9101）の週足

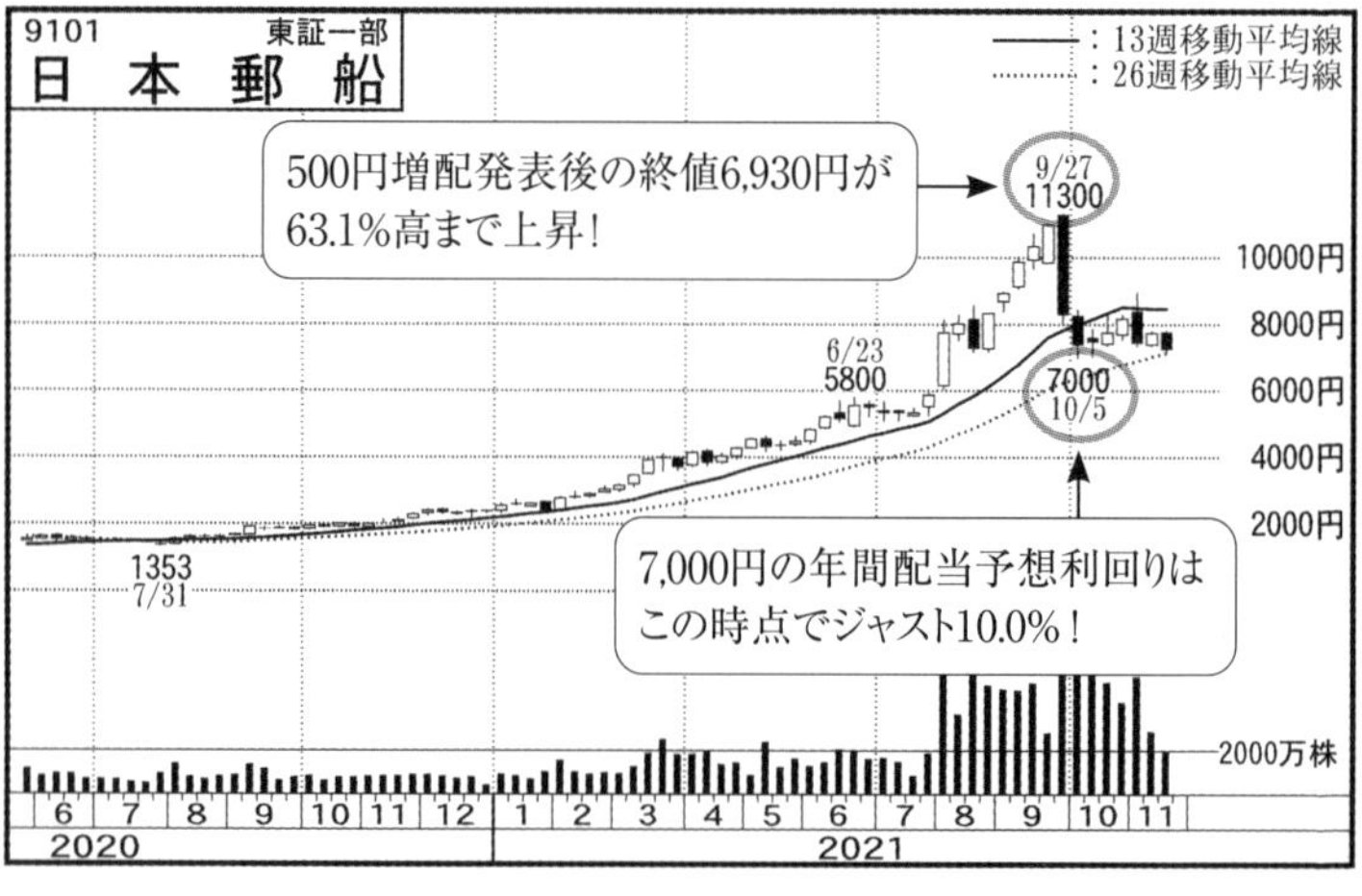

場となった。実際、翌週になるとガラリ一変、23日の始値7290円が27日には8340円（高値引け）まで上昇したのである。

筆者は、大増配発表後、機関投資家がファンドに組み入れるため一斉に買うとみて、早期に1万円の大台に乗せると読んでいた。そのとおり、日本郵船は9月9日にザラ場で1万20円まで買われている。

◇利回り10％の水準は下値盤石

そこで、個人投資家の応援団長を自認する筆者は、序章で紹介した知人のFさんに連絡をしてみた。Fさんは、大増配発表直後にわざわざ電話をしてきて、「先生、今日、郵船を利回り10％の6980円で買いましたよ。100株ですけど」と自慢していたからだ。

持続していれば、30万円以上の利が乗っているはず

◉日本郵船（9101）の大幅増配発表後の値動き

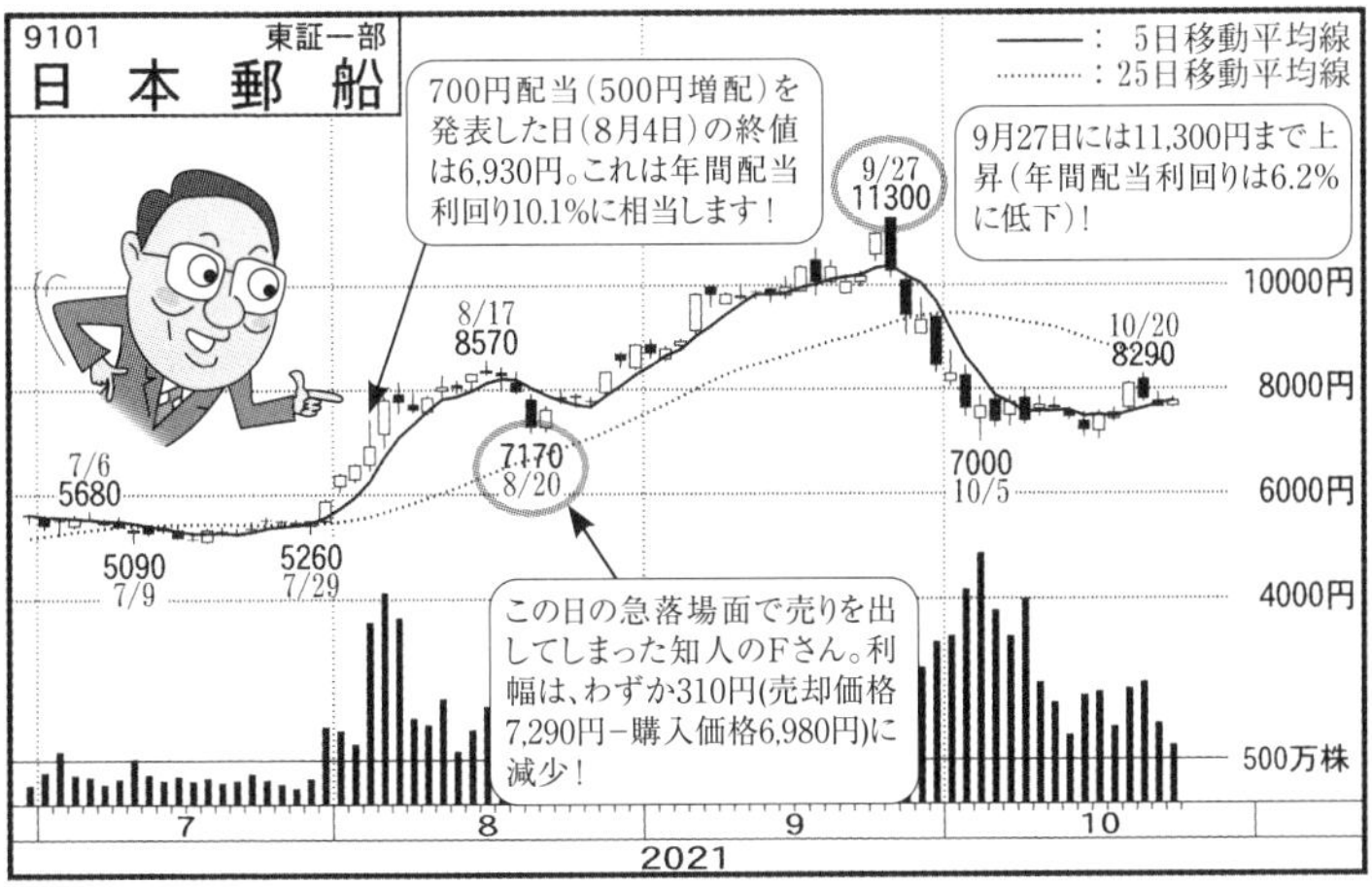

である。しかし、電話口のFさんは気落ちした様子で、声に元気がない。聞けば、8月17日時点で15万円ほどの利が乗っていたので大喜びしていた。しかし、3日後の20日に7170円まで急落。他の銘柄がマイナスとなったため、この日の終値7290円で「やむなく売ってしまった」というではないか。

市場関係者の解説によれば、この日、大幅増配の海運株も大きく値を崩したのは、一部のファンドが他の銘柄の損失と相殺するため、利が乗っている海運株を抱き合わせで処分する動きが出たようだ。これを「合わせ切り」という。

どうやら超零細投資家のFさんも、同じような図式らしい。まさに、典型的なろうばい売りである。それにしても、もったいないことをしたものだ。突発的なアクシデントでも発生しない限り、利回り10%の水準は下値盤石である。

「Fさん、相場で勝つには冷静さが必要ですよ。一時的に下げてもトレンドを読み、利回りを常に計算していれば、そのようなパニック売りをしなくて済んだでしょう」

その後、日本郵船は9月27日に1万1300円まで急騰した。仮にFさんが

●ファンド
投資ファンドの略で、複数の投資家などから資金を集めて運用する投資基金のこと。高い利回りの達成を目的とし、株式だけでなく、債券、金融派生(デリバティブ)商品、不動産などに投資する投資ファンドもある。なお、ファンドを運用する担当者はファンドマネージャーと呼ばれている。

●ろうばい売り
それまで堅調に推移していた相場が何らかの理由で急落し始めたとき、うろたえて売り急ぐさま。パニック売りともいう。相場巧者は、ろうばい売りが出たときの異常安をすかさず拾うといわれている。

そのまま持続し、この日の寄り値1万1290円で手仕舞いしたとしても、4310円（売却価格1万1290円－購入価格6980円）の利幅を取れたことになる。100株の購入でも43万1000円の利益（取引コスト・税を除く）である。

Fさんは、筆者の話に「肝に銘じます。今後の糧とします」と答えて電話を切ったが、このような有様では失敗を繰り返すのではないかと、はなはだ心配になってきた。

◈荷動き急増でコンテナ船事業会社ONEが絶好調

もちろん、海運株がここまで買われたのは、配当利回りの高さだけではない。2021年9月にバルチック海運指数が4200ポイントを超え、実に11年9カ月ぶりの水準まで上昇したことも大きく影響している。

さらに、大手証券によるレーティングの見直しも相次いだ。8月27日には野村証券が日本郵船の目標株価を6750円→1万500円（3750円増）、商船三井のそれを7500円→1万円（同2500円増）とした。みずほ証券

●合わせ切り
含み損を抱えた銘柄と同程度の含み益がある銘柄を同時に手仕舞いし、損益を相殺する方法のこと。塩漬け株を処分したり、現金比率を高める目的で行なわれる。

●レーティング
アナリストと呼ばれる専門家が行なう投資判断のことで、格付けともいう。株式の場合は、各証券会社で異なる判断を発表するが、基本的には対象銘柄に対し、買い、中立、売りを主体として段階的に評価する。

も同日、日本郵船の目標値を6000円→1万2000円に引き上げた。こちらは、実に倍増である。

レーティングの見直しによる目標株価（投資判断）の引き上げは、高値づかみになるケースもある。しかし、このような好実態をストレートに反映した引き上げは、強烈な株価支援材料となる。

実際、この日（8月27日）、日本郵船が7950円（始値）→8340円（終値）、商船三井が同じく7380円→7840円まで買われた。もちろん、川崎汽船もツレ高し、5340円の高値をつけている。

日本郵船、商船三井、川崎汽船の業績が急拡大しているのは、この3社が2017年に共同で設立した定期コンテナ船事業会社、ONE（オーシャン・ネットワーク・エクスプレス）の採算が劇的に改善していることにある。

ONEは、それぞれのコンテナ定期船事業部門を統廃合して誕生した。超大型コンテナ船31隻を含む約220隻の船隊を運航し、世界120カ国を超えるネットワークを構築している。設立時点で世界第6位の規模を誇り、その出資比率は日本郵船38％、商船三井と川崎汽船がそれぞれ31％となっている。

●リーマンショック
2008年9月、アメリカの有力投資銀行リーマン・ブラザーズが64兆円超という空前の負債総額で破綻し、それをきっかけとして広がった世界的な株価下落と金融危機、同時不況などのことをいう。これは、同社が証券化して販売した低所得者向け住宅ローン（サブプライムローン）の値崩れに端を発するが、破綻前には1万2000円台だった日経平均株価も、1カ月後には6000円台にまで下落した。

コンテナ定期船事業は、リーマンショック後に大競争時代に突入し、3社は厳しい状況に置かれた。世界経済の成長率以上にコンテナ船の船腹量が増え、規模の拡大による競争力確保が重要な事業課題となったのである。

長年ライバル関係にあった3社は、この荒波を乗り越えるため、必死のリストラを断行するとともに、世界を舞台にした大競争時代を勝ち抜くべく、ONEブランドの下で団結したのである。

もとより、海運会社の業績は運賃の高安に左右される。このため、海運会社は好不況のサイクルを繰り返してきた。不況期には、「ワインを運んだときの利益は、1本当たり1円あるかないか」（業界関係者の話）といわれたこともある。まさに、代表的な構造不況業種である。

◉ONE（オーシャン・ネットワーク・エクスプレス）の概要

2017年10月設立
日本唯一の外航コンテナ定期船会社

■運航船舶数　約220隻　■運航航路数　130航路
■世界事業拠点　120カ国以上　■世界シェア　第6位

38%出資	31%出資	31%出資
日本郵船	**商船三井**	**川崎汽船**
1885年設立	1884年設立	1919年設立
国内海運1位	国内海運2位	国内海運3位
資本金1,443億円	資本金654億円	資本金754億円

それが劇的によみがえった。特に、コンテナ船の運賃は、世界的な荷動きの増加と港湾業務のひっ迫などが重なり、高水準の状態が続いている。

もちろん、今後の運賃相場を懐疑的に読む関係者もいることは確かだ。荷動きが急増しているのは、新型コロナウイルスの感染に伴い、巣ごもり消費が拡大していることが大きい。港湾業務のひっ迫も、コロナ禍によって港湾労働者の効率が低下していることが響いている。

ただ、2022年3月期の業績は、これほど上方修正を繰り返してきたにも関わらず、まだ保守的との見方が根強くある。

海運業界の現状については「これがニューノーマル→新常態」との声があり、2022年の年明け以降、さらなる業績上方修正、一段の増配の可能性が残されているとの見方もある。

◇2021年10月末に商船三井が3度目の上方修正

実際、2021年10月29日の正午、商船三井は2022年3月期の通期業績予想を上方修正した。これは、同年7月30日の発表に対し、売上高が1200

●ニューノーマル
ニュー(新しいこと)とノーマル(常態・正常)を合わせた造語で、コロナ禍においてはテレワーク(在宅勤務)などの新しい働き方、これまでとは異なる状況を示す言葉として使われている。

●純利益
すべての支払いを済ませ、最終的に会社に残ったお金のこと。税引後利益、最終利益、当期純利益などともいう。純利益が増えるほど配当金の支払い余力も大きくなるため、株主が最も注目する利益とされる。

億円増の1兆2200億円、純利益が1450億円増の4800億円となる見込みだ。1株利益は4000円を超える。もちろん最高益を更新する。

さらにマーケットが驚愕したのは、期末配当の増配額である。7月30日時点で250円（9月中間期300円）としていた期末配当を、何と2500円引き上げ、倍の500円にすると発表したのである。

これによって、年間配当は従来予想の550円が800円に跳ね上がった。同社では配当性向20%を配当額の目安としているため、これに基づき純利益の推移に応じて配当計画を練り直したわけだ。同社では、「収益に応じて配当を行なう」という経営方針が堅持されている。

もちろん、株価はこの業績修正と高額増配を素直に好感した。10月29日前場の引け値6640円が、後場の寄り付きで6910円をつけ（この間の上昇率4・1%）、いったん6840円まで反落したのち、一気に7250円まで急騰したのである（前日終値6540円に対し、10・9%の上昇）。

商船三井が3度目の上方修正を行なったのは、コンテナ市況の高止まり、すなわちコンテナ船運賃の高騰が10月以降も続くと予想されていることが背景にある。

もちろん、世界景気の回復は海運市況にとって強力な支援材料となる。ただ、アメリカでの港湾荷役作業の遅れは解消されつつある。それに、株価的にはコンテナ運賃指数、バルチック海運指数に振り回される。そう、配当が下支えするものの、市況関連としての側面には注意が必要となる。

一方、**川崎汽船（9107）**は、2021年4～9月期の経常収益が従来予想を300億円以上上回り、半期ベースでは過去最高を記録している。

2022年3月期通期は売上高が前期比10・3％増の6900億円、純利益が前期比240・4％増の3700億円を見込んでおり、1株利益は396円（前期は1165円）となる。加えて、期末配当300円を実施する。なお、これは2021年8月の業績予想を再度上方修正したものである。

◉川崎汽船（9107）の週足

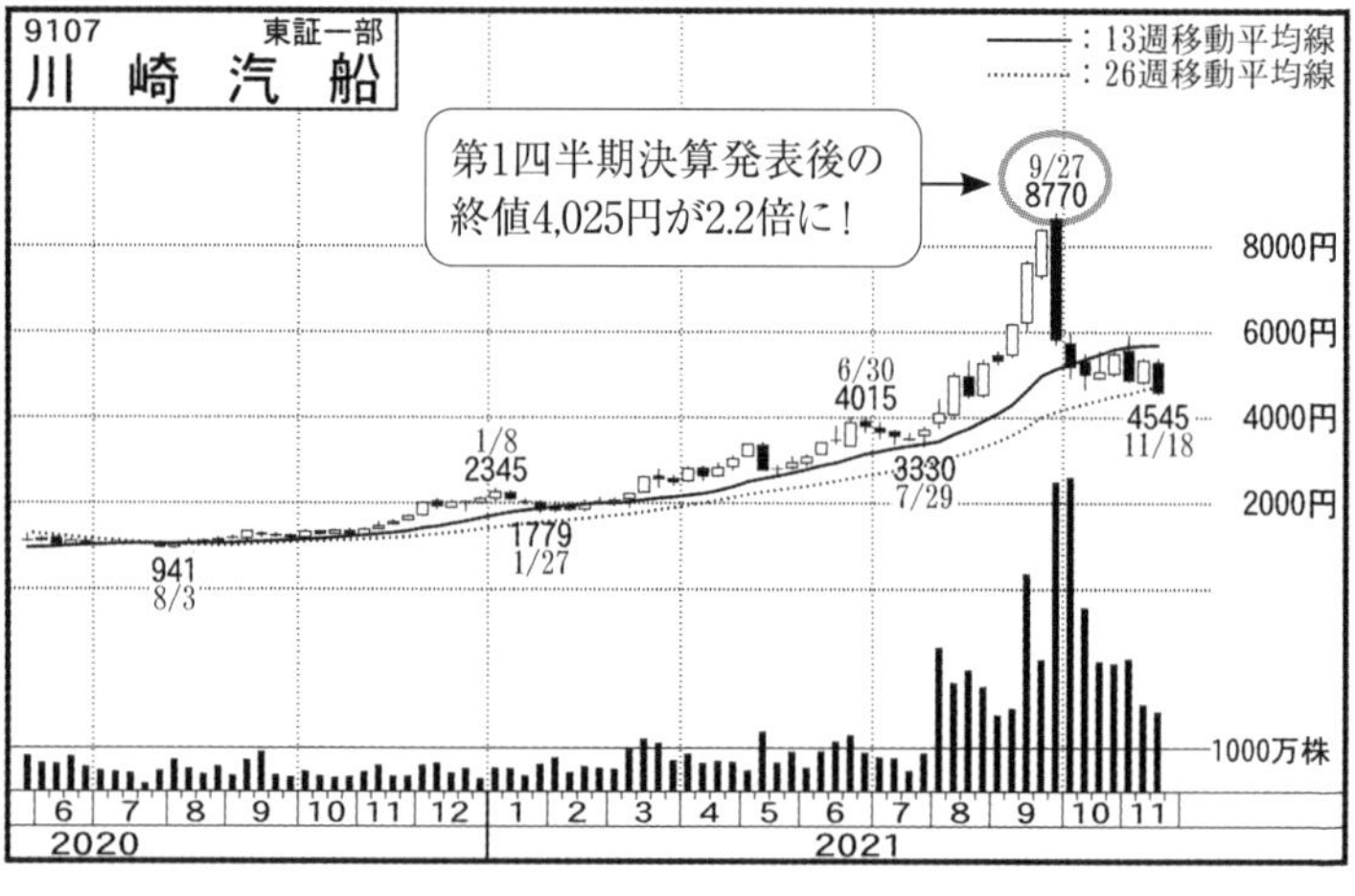

◈大手海運3社は全員参加型の相場が続く

海運大手3社の業績は、次ページ別表のように飛躍的な伸びを見せている。昔の低収益企業だった頃のことを知っている筆者にとっては、「これが同じ会社なのか」と驚きを隠せない。しかし、マーケットの反応は、「しょせん、海運は市況産業」というレベルだ。これは違う。

収益構造が一変している。積極的な増配はもっと高く評価されてよい。何しろ、直近ベースでPERは日本郵船が1・8倍、商船三井が1・6倍、川崎汽船は1・2倍だ。これはPBRではない。PERである。

また、配当利回りは日本郵船が10・3%、商船三井が11・9%、川崎汽船が5・6%となる。異常な超低金利下、この利回りの高さは大きな魅力ではないか。なお、日本の金利状況については、出口の方向すら見えない状況→ゼロ金利が継続している。

このところ、大手海運3社の株式は、相場的にはディーリングの対象（全員参加型）となっている。このため、値動きは荒い。しかし、波乱は常にチャンスとなる。もちろん、下値リスクは乏しいと思う。

●PER
Price Earnings Ratioの略（ピー・イー・アール）で、株価収益率のこと。これは、株価が1株利益（EPS）の何倍に買われているかを見るための指標（株価÷1株利益で算出）であり、数値が高ければ割高、低ければ割安と判断できる。

●PBR
Price Book-Value Ratioの略（ピー・ビー・アール）で、株価純資産倍率のこと。これは、株価が純資産に対して何倍まで買われているかを見るための指標（株価÷1株純資産＝BPSで算出）であり、1倍を割り込んだ場合は解散価値より株価が安くなっていることを示す。

◉大手海運3社の業績推移

日本郵船(9101)

決算期	売上高(百万円)	純利益(百万円)	1株利益(円)	年間配当(円)
2020/3	1,668,355	31,129	184.4	40
2021/3	1,608,414	139,228	824.6	200
2022/3	2,000,000	710,000	4,202.9	800

商船三井(9104)

決算期	売上高(百万円)	純利益(百万円)	1株利益(円)	年間配当(円)
2020/3	1,155,404	32,623	272.8	65
2021/3	991,426	90,052	753.0	150
2022/3	1,220,000	480,000	4,004.9	800

川崎汽船(9107)

決算期	売上高(百万円)	純利益(百万円)	1株利益(円)	年間配当(円)
2020/3	735,284	5,269	56.5	0
2021/3	625,486	108,695	1,165.0	0
2022/3	690,000	370,000	3,966.8	300

(注)2022年3月期は3社とも第2四半期決算発表時における会社側予想

「山高ければ谷深し」が現実化した2021年相場 大きく動く海運株で引き続き値幅取りを狙う

◈1万1300円まで買われた日本郵船が4300円安に

それにしても、海運株の2021年相場はすごかった。先に掲載した大手3社のチャートが示すとおり、まれに見るダイナミックな波動を描いている。

改めて、売買代金的にも相場の横綱クラスとなった日本郵船の値動きを振り返ってみたい。同社株は、2021年1月4日に2410円でスタート（船出）し、この日に安値2345円をつけている（下落幅65円、下落率2・7％）。「エッ？ こんなに安かったの」といった感じではないか。

その後は、長短2本の移動平均線にガッチリ支えられる形で上値を切り上げた。6月23日には5800円と年初来高値を更新し（年初比2・4倍）、大幅増配を発表した8月4日の終値6930円（同2・9倍）を経て、9月27日に

●チャート
ある一定期間の大まかな動きをつかむため、過去の株価の動きをグラフ化したもの。株価チャートには、ローソク足と呼ばれるもののほか、さまざまな種類がある。

●移動平均線
ある一定期間の終値の平均値をグラフ化して示したもので、株価の方向性、転換点を判断するために使われる。対象期間が25日であれば25日移動平均線、13週であれば13週移動平均線となる。

は１万１３００円まで買われたのである。

　これは年初の４・７倍、８８９０円も値上がりしたことを意味する。しかし、9月27日の４本値は、始値１万１２９０円→高値１万１３００円→安値１万１５０円→終値１万２７０円となり、始値→終値は１０２０円安という大幅反落で取引を終えた。大商いを演じたあとの急落は下げが深くなる。

　チャート的には、典型的な「売りサイン」とされる高値圏での長大陰線が出現したことになる。その後は米国株安、中国問題、岸田ショックなどが絡まり、株価は急落に転じた。その後、９月29日の配当落ち日（この日の終値は９３４０円）をはさみ、10月５日には７０００円まで売られたのである。この間の下げ幅は４３００円、下落率は38・１％に達し、まさに「秋の日は釣瓶落とし」のような短期急落劇であった。

◉日本郵船（9101）の日足

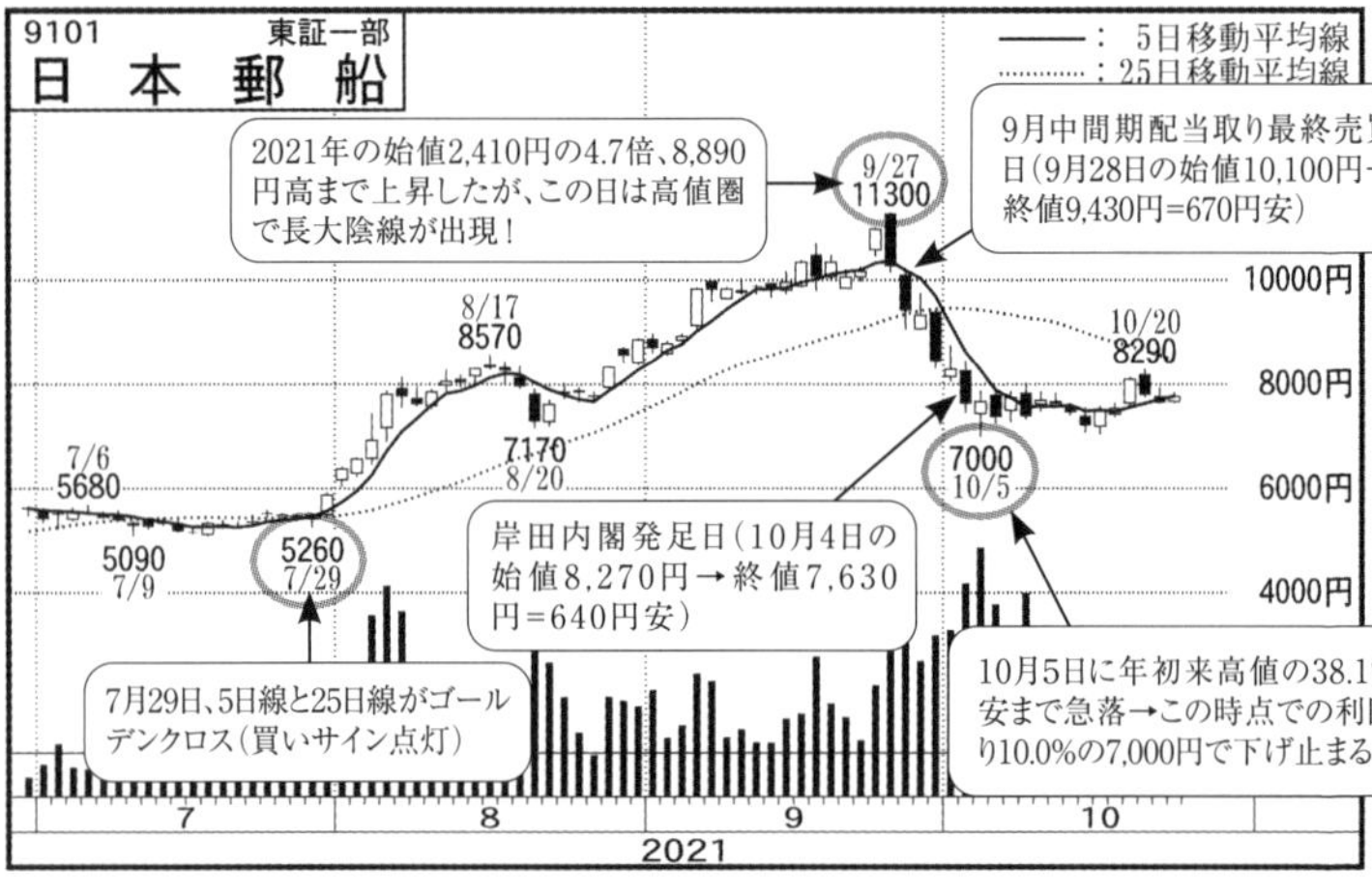

9101
東証一部
日本郵船
──：5日移動平均線
……：25日移動平均線
2021年の始値2,410円の4.7倍、8,890円高まで上昇したが、この日は高値圏で長大陰線が出現！
9/27
11300
9月中間期配当取り最終売買日（9月28日の始値10,100円→終値9,430円=670円安）
10000円
8/17
8570
10/20
8290
8000円
7170
8/20
7/6
5680
7000
10/5
6000円
5090
7/9
5260
7/29
岸田内閣発足日（10月4日の始値8,270円→終値7,630円=640円安）
4000円
7月29日、5日線と25日線がゴールデンクロス（買いサイン点灯）
10月5日に年初来高値の38.1%安まで急落→この時点での利回り10.0%の7,000円で下げ止まる
7
8
9
10
2021

◈日本郵船の半値戻しは9150円、3分の2戻しは9870円！

しかし、冷静になって考えてみると、10月5日の安値7000円は、9月27日の高値1万1300円に対して61・9％の水準だ。これは黄金分割比率（黄金比）とされる61・8％とほぼ同じである。

もちろん、先にも述べたように7000円という株価は、2021年8月4日時点の2022年3月期の予想年間配当700円（その後800円に上方修正）に対し、利回りがジャスト10％の水準でもある。したがって、想定外の出来事が発生しない限り、これを割り込むようなことは考えにくい。これが下値の「岩盤」である。

日本郵船が7000円で底を打ったとすれば、今後はどの程度まで戻るのか。チャート的には、高値1万1300円に対する下げ幅4300円の3分の1戻しは、8430円（4300円÷3＋7000円＝小数点は四捨五入、以下同じ）である。リズミカルな動きを見せていることを考えると、この水準は十分に達成できる。

そして、2分の1戻しは9150円（4300円÷2＋7000円）、3分

●**黄金分割比率**

1対0・618または1・618対1の比率で、歴史的に本来あるべき美しい姿を表す数値とされる。株式投資の世界では、上値・下値の目標値を割り出すために使われることが多い。

●**半値戻し**

下落を続けていた株価が上昇に転じ、それまでの下落分の半値水準まで値が戻ることをいう。例えば、1000円だった株価が500円まで下落した際の半値戻しは、下げ幅500円÷2＋500円＝750円となる。3分の1戻し↓半値戻し↓3分の2戻しといった具合に、下落相場の戻りのメドとして認識されることが多い。

の2戻しは9870円（4300円÷3×2＋7000円）になる。

いずれにせよ、2022年は引き続き海運株がディーリング相場の主役的な役割を演じる公算が大きい。その本命は、やはり日本郵船で決まりだろう。

日本郵船は、年間配当800円のうち、2021年9月中間期に200円を落とした。したがって、会社計画に変更がなければ、2022年3月期末の配当は600円になる。時価は7500円近辺で推移しており、この水準は3月期末の600円配当に対して利回り8・0％になる。この高い利回りは実に魅力的であり、2022年は年明け以降3月末の権利落ち日まで、この配当利回りを頭に置いた売り買いが激しく行なわれると思う。

したがって、全般相場に悪材料が出てツレ安したときの押し目は、利回りを勘案しつつ、すかさず拾っておきたい。何しろ、1月に買えば3カ月の保有で600円の期末配当（9月中間配当は200円）がもらえる。所有期間利回りは、8000円で購入した場合でも、何と30％（600円÷8000円×12カ月÷3カ月×100）になる。

●権利落ち日

配当金、株主優待をもらうために株式を買い付ける最終売買日（権利付き最終日）の翌営業日のこと。権利落ち日には、理論上、配当などに相当する金額分に応じて株価が安くなるが、その他の変動要因によってその理論値よりも高くなったり、逆に安くなったりすることがある。

●ツレ安

日経平均株価などの指数が下落したり、同業他社の株価が急落すると、それにつられて株価が下がることが多い。このようなツレ安とは逆のケースをツレ高という。

◈海運株を翻弄する４つの投資尺度を徹底マークせよ

海運業界は次ページ以降に詳述するが、ファンダメンタルズの反映だけにとどまらず、さまざまなファクターによって業績が影響を受け、これによって株価が形成される。

ただ、２０２１年10～11月にかけての株価急落は、大幅増額修正→増配（川崎汽船は復配）を発表する７～９月期（第２四半期）決算の前後に起こった。

これはＦＲＢ（米連邦準備理事会）がテーパリングを開始する前のアメリカ金利の上昇（その後、低下）、中国製造業のＰＭＩ（購買担当者景気指数）の不振といったマクロ面に加え、コンテナ船運賃の弱含みを反映したものといえる。この結果、業績のピークアウト感が台頭したのだ。しかし、株価ボラティリティの上昇は、過剰反応だった可能性がある。

北米航路は需要が根強く、基本的に船舶供給が不足している。ここでの市況軟化は季節的な要因もある。とはいえ、市況は高水準の状態が続いている。ＯＮＥが開示するコンテナ運賃指数は２０２１年４～６月期が前年同期比68・２％上昇、７～９月期が72・３％の上昇だった。

さすがに、10～12月期は同28・６％上昇、２０２２年１～３月期は同８・３％上昇にとどまる見通しだが、高い伸び率を維持できる。

一方、ドライバルク市況は、これまた石炭の輸送量の増加、活発な穀物輸送などを背景に上昇を続けるだろう。日本郵船、商船三井、川崎汽船などはこのメリットを強く受ける。もちろん、タンカー、LNG船、自動車専用船の稼働率は高水準だ。今後もこの恩恵をフルに享受するだろう。

なお、海運株は、配当（業績）の動向だけでなく、運賃、燃料費、為替相場という4つのファクターが複雑にからみ合って株価が大きく動く。したがって、海運株を攻略するためには、①運賃市況（コンテナ船の運賃市況・バルチック海運指数）、②原油価格、③為替相場（ドル＝円相場）、④純利益などのチェックと予測が必要となるだろう。

もちろん、①の運賃市況が強含めばプラス要因となるため、株価は上昇しやすくなる。逆に高止まりして

◉海運大手3社の株価に影響を与える4つの要因(チェック項目)

① 運賃（コンテナ船の運賃・バルチック海運指数など）

→上昇または上昇傾向が続けば株価にはプラス
→下落または下落傾向に転じれば株価にはマイナス

② 原油価格（アメリカのWTIなど）

→上昇または上昇傾向が続けば株価にはマイナス
→下落または下落傾向に転じれば株価にはプラス

③ 為替相場（主にドル＝円相場）

→円高または円高傾向が続けば株価にはマイナス
→円安または円安傾向に転じれば株価にはプラス

④ 業績（主に純利益と配当）

→増益・増配傾向が続けば株価にはプラス
→減益・減配に転じれば株価にはマイナス

いたコンテナ運賃、バルチック海運指数が下げに転じれば、株価は下に振れる。当然、②の原油高は燃料コストが上昇するため、株価的にはマイナスとなる。

また、③の為替相場については、海運各社のほとんどが海外との取引をドル＝円で決済しているため、円高は株価に対してマイナス要因、円安はプラス要因となる。

④の業績は言わずもがなだが、増益・増配が続けばプラス、減益・減配はマイナスとなる。ただし、増益・増配の場合でも、市場の期待（事前予想）を下回った場合は急落する怖れがあるので注意したい。実際、2021年11月4日の前場引け後、日本郵船と川崎汽船が上方修正を発表したが、期待はずれだとして後場以降、海運株は大きく値を下げている。その後、11月18日には日本郵船が7150円、商船三井が6120円、川崎汽船が4545円の安値をつけた。明治海運は686円の安値があった。判断を誤れば大ケガをするだけに、早めのロスカットは必要不可欠である。

2021年は、騰落率と売買代金ランキングの上位に海運大手3社がそろい踏みする日もよくあった。2022年も当面はこの流れが続くだろう。よって、少なくとも前半相場のポートフォリオの中核（コア銘柄）には、引き続き海運株を組み入れておく必要があると思う。

２０２２年以降も期待できる海運株の穴株
意外高の魅力を秘める中堅海運会社にも注目

◈２０２２年３月までの穴株は期末配当１５１円の乾汽船

これまで海運大手3社について述べてきたが、業容一新、日の出の勢いの海運業界には、中堅・中小どころにも注目したい銘柄がいくつか存在する。これについて紹介しておこうと思う。

その筆頭格は、**乾汽船（９３０８）**である。業績は、２０２１年3月期の売上高が１８８億円強にすぎず、純利益は11億８６００万円の赤字。年間配当もわずか6円で決着した。しかし、２０２２年3月期は売上高が３５０億５００万円、純利益が84億９２００万円と劇的に改善する。

驚くのは配当だ。２０２１年9月中間期は6円（前期比3円増）にすぎないが、２０２２年3月期末には１５１円（同１４８円増）を実施する。すなわち、

●乾汽船
１９０４（明治37）年、創業者の乾新兵衛がイギリスより中古船を購入し、１９０８年に外航海運業を開始した。その後、不動産・倉庫業にも進出し、１９６１年、東証２部に株式を上場。２０１４年、イヌイ倉庫と乾汽船が経営統合し、東証１部に株式を上場する。売上高の24％を占める不動産事業では、東京都中央区に43階建の賃貸マンション「プラザタワー勝どき（５１２戸）」などを保有している。

年間の配当総額は１５１円増の１５７円となる。

同社は、２回目の業績見通しと増配を２０２１年８月12日の大引け後に発表している。これはサプライズだったこともあり、当日の終値１９８３円が翌13日は２１２３円で寄り付き（上昇率７・１％）、ザラ場で２２９３円（同15・6％）まで急伸した。

その後８月20日に１７３６円まで下落したが、その後は続伸して９月27日に２９７０円まで買われている。何しろ、年間配当が１５７円である。この株価水準でも利回りは５・３％に相当する。

海運株の穴株的存在としているのは、繰り返しになるが２０２２年３月期末の配当を１５１円としていること。これは２０２２年の年明け以降、改めて強く意識されるだろう。

同社の事業別売上高構成比は、主力の外航海運

◉乾汽船（9308）の週足

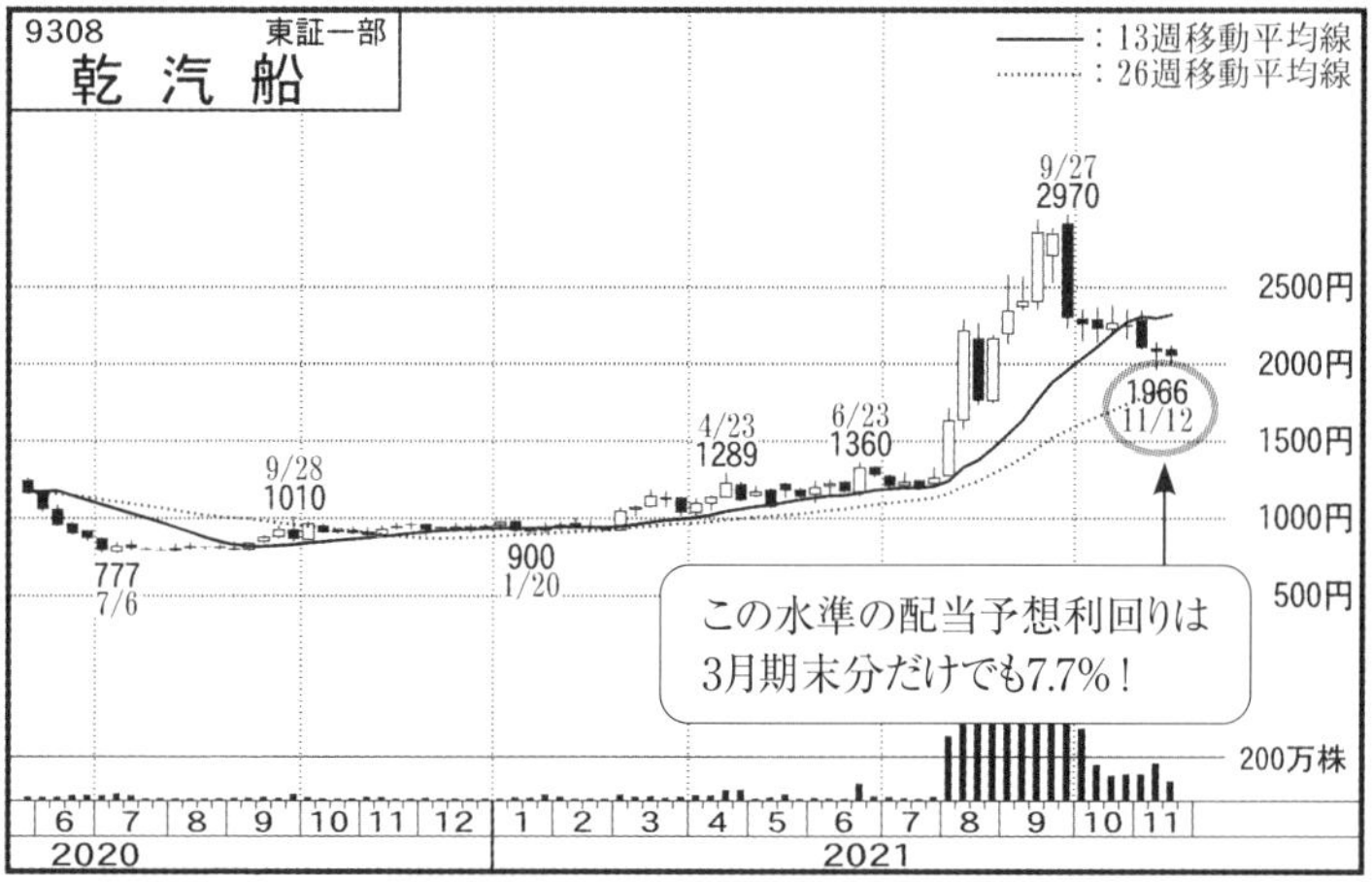

この水準の配当予想利回りは

（55％）のほか、不動産（24％）、倉庫・運送（21％）となっている。外航海運は、中小型のばら積み船が中心で市況の急回復の恩恵をフルに受けている。

ただし、同社の株価は運賃市況、すなわちバルチック海運指数の影響を強く受ける。これは海運業界共通の図式であるが、同社はばら積み船を主体とするだけに、大手海運より変動率が大きくなる傾向にある。このため、マーケットでは仕手性の強い銘柄として知られる。

すなわち、急騰急落場面が随所に現れる。同社株は値動きが激しく、しかも基本的に流動性が薄い。このため売買には十分な注意も必要となるが、短期妙味十分な銘柄ともいえるだろう。2022年3月の期末にかけ、どのような展開になるか、興味津々である。もちろん、投資に際しては割り切りの姿勢が求められる。

◈NSユナイテッド海運は業績に加え財務状況も好転中

もう1つ注視しておきたい銘柄がある。**NSユナイテッド海運（9110）**である。同社は2010年、日本郵船系の旧新和海運と日本製鉄系の日鉄海運

●バルチック海運指数
イギリスのバルチック海運取引所が算出する外航ばら積み船運賃の総合指数のこと。基準となる1985年1月4日を1000として算定し、同取引所が市況に応じて毎営業日ごとに発表している。また、この指数は世界経済の先行指標としても知られており、リーマンショックによる2008年の景気後退局面を察知したともいわれている。

●ばら積み船
鉄鉱石、石炭、穀物などさまざまな資源を梱包することなく、大量にそのまま輸送する船舶のこと。ドライカーゴ（乾貨物）、バルク（大量・ばら積み貨物）といった言葉から、ドライバルク船などとも呼ばれる。

が合併して誕生した。現在でも大株主は日本製鉄が発行済み株式数の33％弱、日本郵船が18％を保有している。したがって、毛並みのよさは文句のつけようがない。これは経営の安定につながる。

同社もばら積み船が主力だ。売上高構成比率は外航海運84％、内航海運16％となっている。特筆すべきは業績の安定ぶりで、2018年3月期以降、純利益は黒字を計上している。

ちなみに2019年3月期の純利益は93億4300万円で前期比41・3％増、2020年3月は減益となったが59億4700万円、2021年3月期は61億3100万円という実績である。

2018年3月期は商船三井が473億円、2019年3月期は日本郵船が445億円、川崎汽船が1111億円もの赤字（いずれも純利益）を余儀なくされ

◉NSユナイテッド（9110）の週足

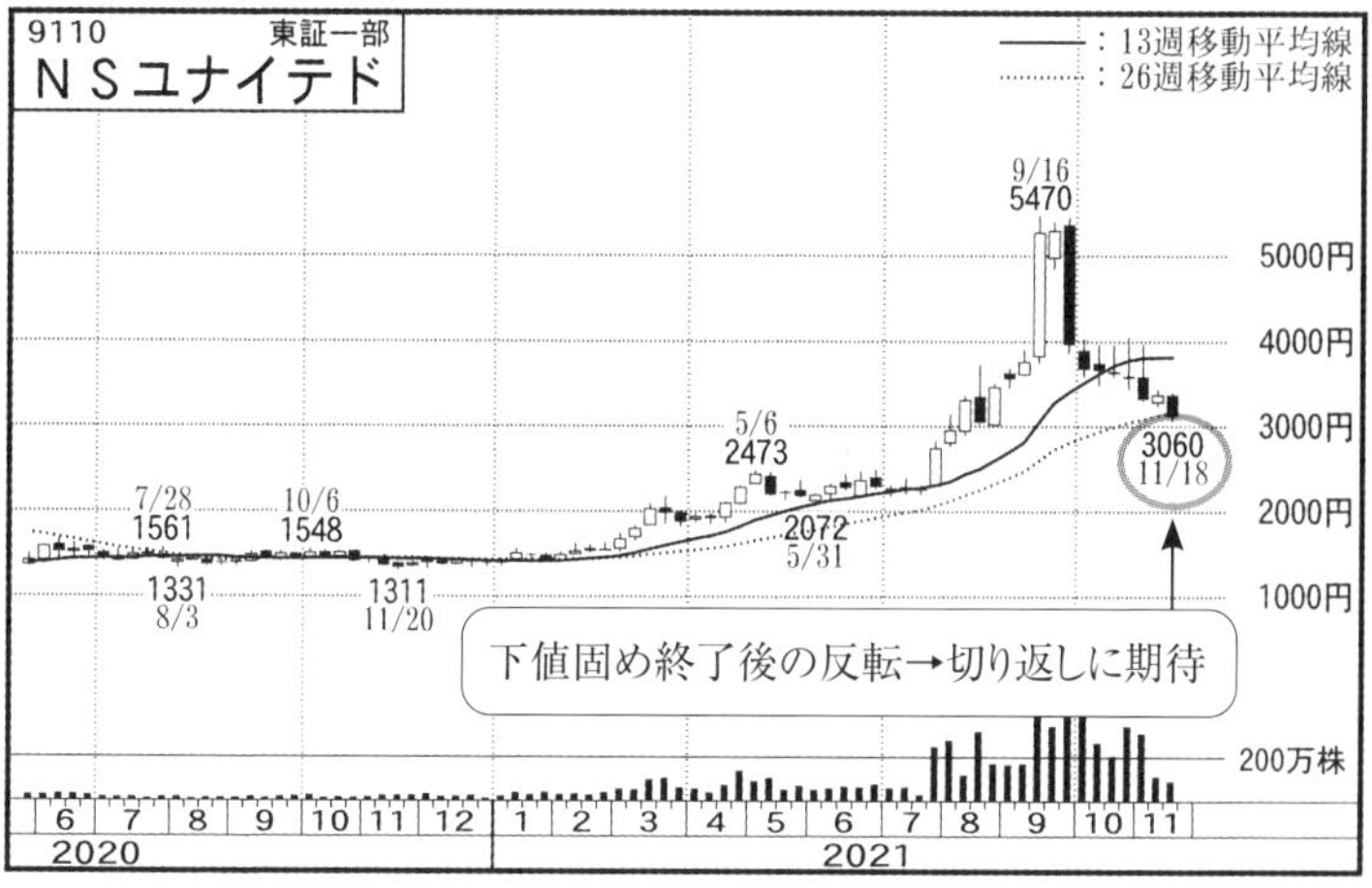

た年度である。それだけに、利益水準は異なるものの、同社の堅調ぶりが際立っている。

２０２２年3月期は、売上高が１８６０億円（前期比34・３％増）、経常利益が２２０億円（同4倍）、純利益が１９５億円（同３・２倍）と予想されている。１株利益は８２７円となる。これを背景に、上期の配当は95円（前期の年間配当は80円）とした。下期の配当は現時点で未定だが95円か、それ以上を実施するだろう。

注目したいのは利益剰余金で、２０１９年3月期の６２３億円が２０２０年3月期６５７億円→２０２１年3月期７０３億円と増え続けている。２０２２年3月期も第２四半期終了時点で７７８億円まで拡大しており、この時点における自己資本比率は38・０％となっている。

株価も極めて堅調だ。１３９７円でスタートした２０２１年は、7月末に２７４６円→8月末に３６５５円と上値を切り上げ、９月16日には５４７０円まで買われている。

直近は３０００円近辺まで下げているが、チャートはまだ13週移動平均線が

●利益剰余金
会社が得た利益のうち、社内に留保している金額のことをいう。これが増えれば株主配当を手厚くしたり、設備投資を拡大することが可能となる。利益剰余金は利益準備金、積立金などで構成され、株式資本（純資産）のうち資本金、資本剰余金、自己株式を除いた部分が該当する。

●自己資本比率
自己資本とは返済の必要がない資本のことで、自己資本比率は、純資産÷総資本（負債＋純資産）×１００で算出される。自己資本比率は、会社の安全性を確かめるうえで最も基本となる指標であり、この比率が高いほど財務的に安定しているといえる。

26週線の上に位置しており、反騰相場は2022年の年明け以降も継続する可能性が高いと思う。

利回りは年間190円配当と考えれば、株価3000円でも6・3%（年間配当190円÷3000円×100）となる。

◈明治海運は値動き軽く意外高の可能性を秘める

2022年の年明け以降、目を配っておきたい中小型海運株はまだまだある。1911年創業の**明治海運（9115）**は、売上高の86%を占める外航海運業のほか、ホテル・リゾート業も行なっている（売上高比率2割弱）。ホテルは北海道、神戸、沖縄などに5つを保有し、和食・中華のレストランを経営。北海道ではゴルフ場（早来カントリー倶楽部）を手がけている。筆者的には、中堅海運のなかでは最も魅力を有する銘

◉明治海運（9115）の週足

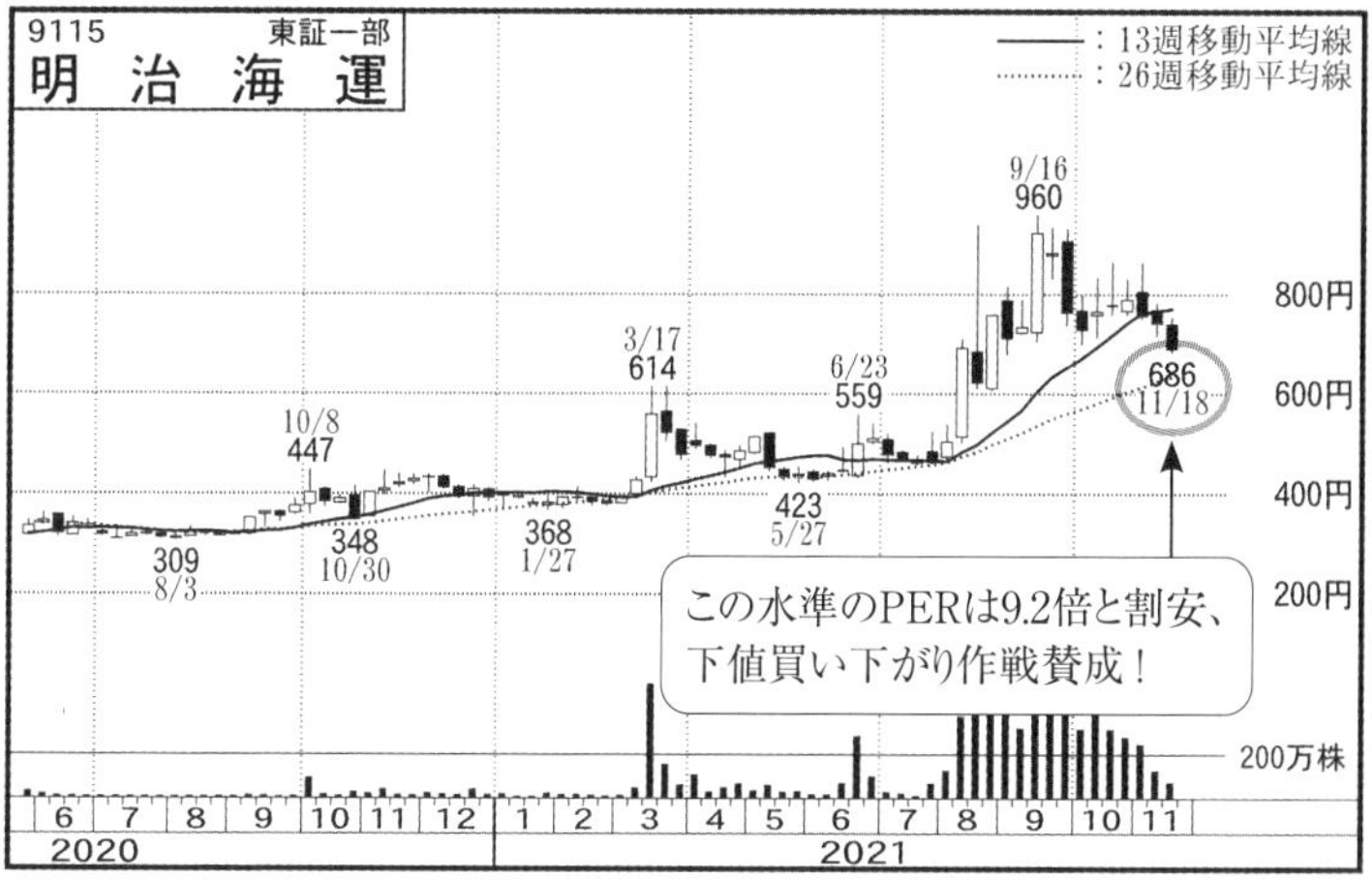

柄だと考えている。

同社株は以前より短期急騰劇を演じることで知られており、2021年も年初の397円が8月18日には940円まで噴き上げた。

すなわち、この銘柄はリオープニング関連（コロナ禍を克服し、経済活動が元の状態に戻った場合、活躍が期待できるセクター）との見方ができる。

何しろ、海運部門は絶好調なのにその他の部門が赤字で足を引っ張り、当初の2022年3月期予想は1株利益が20円前後にすぎなかった。なかでも名門のザ・ウィンザーホテル洞爺リゾート&スパは、2008年にサミットが開催されたほどだが、コロナショックに直撃された。

しかし、逆に考えると、だからこそ株価が大きく出遅れた、ともいえる。コロナ禍の克服とともに、その修正が始まるだろう。

実際、2022年3月期の純利益は25億円（前期比100・5％増）と急浮上、1株利益は75円弱となる。だが、海運以外の事業はまだ利益を出していない。この部門が収支均衡に復したとすると、1株利益は100円を大きく超える。

飯野海運（9119）は、海運業と不動産業を事業の両輪とする、ユニークな海運株だ。

海運業は市況に大きく左右されるが、イイノホールで知られる不動産業は市況の変化がそれほど大きくないため、安定的な収益を確保できる。

実際、2021年3月期の売上高（889億円）構成比率は、海運部門が87・5％、不動産部門が12・5％となっているが、営業利益ベースでは68億円のうち、56・5％が不動産による収益であり、海運のそれは43・5％となっている。収益的には不動産会社である。

このため全体の業績には安定感があり、2017年3月期以降を見ても赤字に転落した年度は一度もない。2022年3月期の配当は23円が見込まれている。これは時価515円に当てはめると、利回り4・5％に相当する。この水準は日本郵船などに比べると見劣りがするが、株価は下値を切り上げている。この傾向は継続するだろう。

玉井商船（9127）は東証2部の銘柄だが、筆頭株主が日本軽金属で発行済み株式数の20・5％を保有する。このため、日軽金向けのアルミニウム原料船が海運事業の柱となっているが、全農向けの穀物輸送も手がけている。経営再建途上にあるが、2022年3月期は売上高61億円、純利益10億円が見込ま

●発行済み株式
株式会社は、定款で発行することのできる株式の総数（授権株式）を定められている。このうち、すでに発行されている株式のことを発行済み株式という。1株利益は、当期純利益÷発行済み株式の総数で算出される。

れており、待望の復配（期末50円）が実現する。株価は、2021年の8月にストップ高を連発し、市場の関心を集めた。もとより仕手性があるだけに、投資妙味十分といえるだろう。

一方、青函フェリーなどを手がける内航大手の**栗林商船（9171）**は、2021年8月13日に2022年3月期の業績予想を下方修正した。この要因は燃料などコスト増によるものとされるが、株価は当日のストップ安を経て、同月17日、9月7日とストップ高を示現している。時価は500円近辺だけに、今後意外高もあり得る。

共栄タンカー（9130）は、日本郵船が発行済み株式数の3割を保有する。社名が示すとおり大型タンカーによる長期貸船を主体とし、コスモ石油向けが多い。配当的な魅力は薄いが、この銘柄も動き出せば値動きは軽い。

川崎近海汽船（9179）は、社名で想像がつくように川崎汽船が発行済み株式数の47・5％強を保有する。内航・フェリーが中心のため、コロナ禍でフェリー旅客が激減した。しかし、2022年3月期は純利益が9億5000万円に黒字転換する模様で、年間配当も100円が見込まれている。こちらもリオープニング銘柄である。

株価は、2015年の1月に4400円まで買われた経緯がある。この点、他の海運株と様相が異なる。コロナ禍が収まれば、高値奪回に向けた動きが出ても不思議ではない。

◉マークしておきたい海運株一覧

コード	銘柄	2021年始値（円）	2021年高値（円）	直近株価（円）	年間配当（円）	利回り（%）
9101	日本郵船	2,410	11,300	7,760	800	10.3
9104	商船三井	3,170	10,060	6,730	800	11.9
9107	川崎汽船	2,122	8,770	5,330	300	5.6
9110	NSユナイテッド海運	1,397	5,470	3,370	未定	—
9115	明治海運	397	960	742	未定	—
9119	飯野海運	434	620	515	23	4.5
9127	玉井商船	623	3,330	2,023	50	2.5
9130	共栄タンカー	857	1,349	867	20	2.3
9171	栗林商船	326	670	473	6	1.3
9179	川崎近海汽船	2,531	3,600	2,960	100	3.4
9308	乾汽船	958	2,970	2,086	157	7.5

（注）直近株価は2021年11月12日終値。利回りは年間配当（今期予想）に対する直近株価の比率

コラム 2

日本は「1億総貧乏社会」に突き進む？

なぜ、日本はこんなに貧乏になってしまったのだろうか。この30年間、勤労者の平均年収はほとんど増えていない。OECD（経済協力開発機構）によると、アメリカの年間平均賃金が6万9,392ドル（約791万円）なのに対し、日本は3万8,815ドル（約442万円）にとどまっている。

日本はアメリカの約半分の水準だ。30年前と比べてもアメリカは48％増だが、日本は4％増にすぎない。

バブル崩壊以降、つい最近まで政府、および金融当局は世界一高い法人税率、円高を放置した。加えて、デフレだ。企業は生産拠点を海外に移した。いわゆる、産業の空洞化である。

産業の空洞化は国内の雇用と購買力を奪う。その結果、消費は衰退する。失業者が増え、賃金は上がらず、商店街はシャッター通りばかりとなる。

世界的に見れば、日本の物価は安い。購買力がないためだ。このところ、1ドル114円台と円安が進行しているが、円安は日本の購買力を低下させる。元気な飲食業は焼肉きんぐが主力の**物語コーポレーション（3097）**、丸亀製麺の**トリドールホールディングス（3397）**、牛丼のすき家で知られる**ゼンショーホールディングス（7550）**など、低価格を売りにするチェーンばかりではないか。

そもそも日本には突出した金持ちは少ないし、所得1,000万円以上の世帯は全体の12％、1996年の19％をピークに減り続けている。このままでは「1億総貧乏社会」が出現する。

2021年の10月4日、岸田文雄首相が誕生した。しかし、日経平均株価は10月6日に2万7,293円をつけている。これは、31年ぶりの高値を示現した9月14日の3万795円に対し、3,502円も下げたことになる。日本が貧乏になっては困る。今後、岸田政権に求められるのは、分配政策より成長戦略ではないのか。

第1部　増配銘柄編

株式投資は利回りに始まり、
利回りに終わる

[第2章]

短期・長期別に買ってみたい増配増益銘柄ベスト5

抜群の投資効率をもたらす増配プラス増益銘柄！インカムゲインとキャピタルゲインの両取りを狙う

◇東京エレクトロンの増益率と配当増額率に注目

上場企業の株主還元が拡大している。この点については序章でも触れたが、改めて認識しておきたい。2022年3月期の配当総額は12兆円を超える、との見方もある。これは前期に対し10％以上の増額で、過去最高を更新する。

特筆すべきは、株主還元を手厚くする企業、業種が一段と広がっていることにある。この章では、業績が順調に拡大（増益）し、なおかつ配当を増やす企業（海運を除く）に注目してみたい。

半導体製造装置の最大手、**東京エレクトロン（8035）**は、2022年3月期の業績予想と配当計画を2度にわたり上方修正している。それによると、売上高は前期比35・8％増の1兆9000億円、純利益が64・6％増の400

用語解説

●**株主還元**
会社が得た利益を株主に還元すること。還元の方法としては、①現金を支払う配当、②会社が自社の株式を買い戻す自社株買い、③会社が自社製品等を株主に贈呈する株主優待、④株式を分割して発行する（株式の流通量を増やす）株式分割などがある。

0億円、配当も503円増の1284円を見込んでいる。

同社が最初に業績予想と配当計画の上方修正を発表した翌日（2021年8月17日）の始値は4万6180円であったが、9月16日には5万6840円（上昇率23・1％）まで買われている。

ちなみに、同社の配当政策は業績連動型配当を基本としており、当期純利益に対する配当性向50％をメドとしている。

◈配当利回りが6％近くても株価は低迷

東京エレクトロンの直近株価は6万2000円近辺であり、これは年間配当利回り2・1％（年間配当1284円÷6万2000円×100）に相当する。成長企業としては極めて高い、といえるのではないか。

これに対し、**日本たばこ産業（2914）**の直近株価は2200円近辺であるため、年間配当利回りは6・1％（年間配当140円÷2300円×100）もある。しかし、同社株の値動きを上方修正後の東京エレクトロンと比べると、2021年8月17日の始値2132・5円→9月16日の高値2194円であり、

●半導体製造装置
半導体デバイス（集積回路）を製造するための装置のこと。半導体は、ナノメートルといった微細なレベルの精度を要求される。このため手作業による製造は難しく、精密な製造装置が必要となる。一般社団法人・日本半導体製造装置協会では、半導体製造装置を半導体設計用装置、ウエハ製造用装置、検査用装置などに分類している。

●配当計画
企業が配当を株主に還元する方針のこと。企業が生産・サービス活動によって得た純利益のうち、どの程度の割合を投資家に分配するかという配当性向は、取締役会の決議によって決められる。最近は、配当性向30％程度を基準とする企業が増えている。

この間の上昇率は2・9%にすぎない。単純に、配当利回りの高さだけでは投資対象としての魅力に欠けるということだろう。

これは、2021年12月期の業績見通し（減配予想）が響いていると思う。すなわち、高配当銘柄であっても、減配であれば株価は上昇しにくいということを示している。

これでは投資効率が悪い。できるだけ多くの配当をもらいつつ（インカムゲイン）、株価の値上がり益（キャピタルゲイン）も見込める銘柄に投資したい。それが基本である。

このような考えで選んでみたのが、以下に詳述する銘柄である。いずれも今期の業績がよく（黒字転換または増益）、前期より年間配当を増やす方針を明らかにしている。

なお、短期は投資期間3～6カ月程度、長期は同6カ月以上を想定している。また、冒頭の銘柄名の下に示した星印の数は、期待する株価上昇率★（星印）1つの場合＝10%程度、★2つ＝20%程度、★3つ＝30%程度、★4つ＝40%程度、★5つ＝50%程度を見込んである。

●**インカムゲイン**
資産を保有することで得られる収益のこと。株式では配当金、預・貯金や債券では利子、不動産では家賃収入がインカムゲインに相当し、継続的な収入の獲得を目的とする。

●**キャピタルゲイン**
保有している資産を売却することによって得られる売買差益のこと。キャピタルゲインは株式だけでなく、債券、不動産、金などの貴金属を売買することでも得ることができる。ただし、資産を売却することによって損失が出るケースも多く、このような場合はキャピタルロスと呼ばれる。

◉活躍が期待される今期の増配増益銘柄

コード	銘柄	純利益の伸び率(%)	年間配当と増配額(円)
1414	**ショーボンドホールディングス**	**1.4**	**105.5→108(2.5)**
1928	積水ハウス	19.8	84→88(4)
4063	信越化学工業	23.6	250→300(50)
4114	**日本触媒**	**黒字転換**	**90→130(40)**
4732	ユー・エス・エス	558.9	55.5→58.4(2.9)
5185	**フコク**	**95.4**	**22→49(27)**
5384	**フジミインコーポレーテッド**	**56.9**	**115→170(55)**
5699	**イボキン**	**62.2**	**30→40(10)**
5702	**大紀アルミニウム工業所**	**118.7**	**28→50(22)**
5976	**ネツレン**	**795.5**	**14→25(11)**
6141	DMG森精機	644.6	20→30(10)
6361	荏原	51.2	90→130(40)
6645	オムロン	51.2	84→92(8)
7637	**白銅**	**87.4**	**58→96(38)**
7984	コクヨ	48.2	39→43(4)
7762	**シチズン時計**	**黒字転換**	**5→18(13)**
8031	三井物産	114.6	85→95(10)
8316	三井住友フィナンシャルグループ	30.7	190→210(20)
8439	**東京センチュリー**	**22.1**	**138→143(5)**
8804	東京建物	3.8	46→48(2)

（注）掲載は証券コード順。年間配当（中間期と期末の通算）、純利益の伸び率とも前期実績に対する今期の会社側予想。ゴチック表示の銘柄は次ページ以降に詳述解説

イボキン（5699）……★★★★★

資源リサイクル事業専業のサステナビリティ関連企業

◇創業70年、SDGsの目標達成に向け奮闘中

金属加工、環境（廃棄物処理）、解体を手がける総合リサイクル企業である。創業以来、70年間一貫して資源リサイクル事業に取り組んでいる。1984年に揖保川金属株式会社として設立された。その後、2003年に社名を変更し、2018年ジャスダック市場に上場を果たしている。

本社は、手延べそうめん「揖保乃糸」で知られる兵庫県たつの市揖保川町にある。社名のイボキンは、本社所在地で会社設立時の冠でもあった「揖保」と主要事業である金属事業の「金」に由来する。

同社の企業理念は、人類共通の課題とされるSDGsの目標達成に貢献していくことにある。したがって、21世紀に世界中で求められているサステナビリティ（持続可能性）関連企業といえる。

●SDGs
2030年までに達成すべき「持続可能な開発目標」のこと。これは、2015年に国連で開かれたサミットにおいて決められた国際社会共通の目標であり、貧困をなくすこと、飢餓をゼロにすることなど17の世界目標と169のターゲット（達成目標）で構成されている。

●サステナビリティ
持続可能性のこと。現在、環境だけでなく社会、経済などの面からも世の中を持続可能にしていくことが求められており、企業が行なう取り組みはコーポレート・サステナビリティと呼ばれている。

◇業績大幅上方修正、10円増配で株価急伸

同社は、地球環境問題に取り組む都市鉱山開発企業を標榜しており、事業別の売上高構成比率は、金属加工48％、環境事業26％、解体事業25％となっている。

2021年12月期の業績については、同年8月に当初予想を上方修正した。これは、売上高が54億5300万円→84億7500万円（前期比55・4％増）、純利益が2億8600万円→4億6400万円（同62・2％増）という大幅なものとなった。年間配当も10円増の40円を実施する。

この要因としては、金属加工事業、環境事業、解体事業とも需要が増えていることにある。また、鉄スクラップ価格が高止まりし、

◉イボキンの業績推移

	2019年12月期	2020年12月期	2021年12月期
売上高	6,250 （▲3.3%）	5,453 （▲12.8%）	8,475 （+55.4%）
純利益	281 （+26.0%）	286 （+1.8%）	464 （+62.2%）
年間配当	30 （+11.1%）	30 （±0%）	40 （+33.3%）

（注）単位=売上高、純利益は百万円。年間配当は円。（　）は前期比。2021年12月期は会社側予想

銅スクラップ価格も引き続き上昇傾向にあることも支援材料だ。会社側は「仕事が50年ほどある」と豪語している。

2021年の株価は、大発会の1月4日につけた2169円を底に上値を切り上げた。7月28日には5120円まで買われ、その後8月20日には3600円まで下げたが、9月24日には5140円まで切り返した。

ちなみに、この週のローソク足は、終値（5120円）と高値の差が20円しかない実質的な「陽の大引け坊主」を形成している。

これは先高を予兆する強い足であり、買いシグナルとされる。実際、その後10月19日には6770円まで買われ、直近は絶好の押し目を形成している。

◉イボキン（5699）の週足

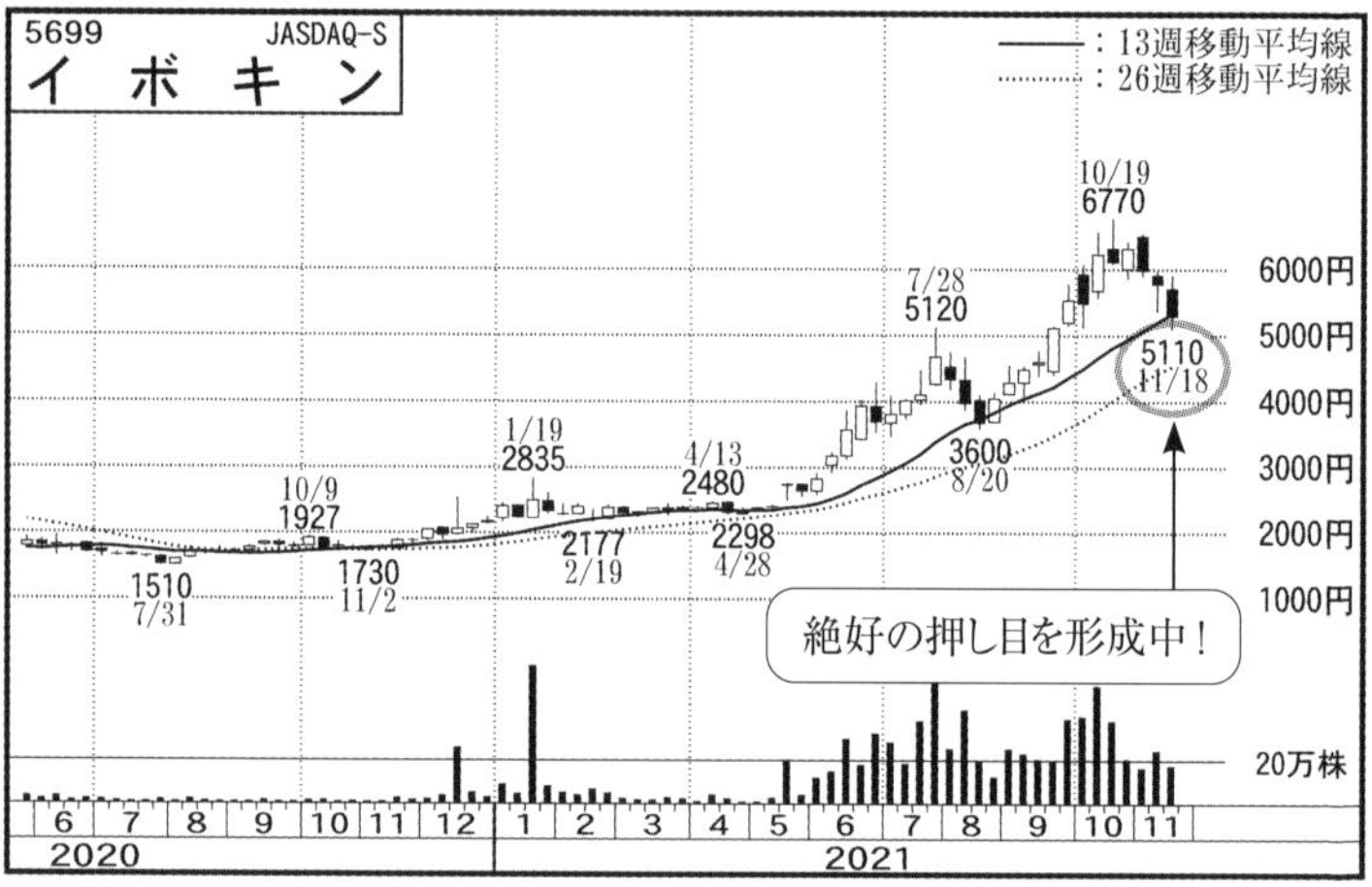

短期狙い　ベスト2

大紀アルミニウム工業所（5702）……★★★★

上場来高値の更新続く大幅増配、かつ増益企業

◈アルミニウムの重要性が一段と高まり、将来性有望

1922年、アルミニウムの精錬を行なう会社として大阪で創業された。以降、アルミニウムのリサイクルを主力事業とし、戦後の1948年に大紀アルミニウム工業所として新たなスタートを切った。再生アルミを主原料に使っており、コストが安いのが強みである。

社名にある大紀の「大」は創業地の大阪、「紀」は創業者の出身地である紀州（和歌山県）を表しており、2007年に東証1部上場を果たしている。

ご承知のとおり、アルミニウムは鉄に比べて軽量であるため、自動車、家電製品などの重要素材として不可欠なものとなっている。

アルミニウムの原材料はボーキサイトだが、2021年9月に主要産地のギニアで政変劇が起こり、供給不安が懸念されている。

●アルミニウム
1円硬貨、アルミ缶などに使われている軽金属で、比重が軽くさびにくい。また、電気を通しやすく無害・無臭で反射性にも優れているため、現代社会になくてはならない存在となっている。強度、性能を高めるために、他の金属を混ぜ合わせたアルミニウム合金として利用されることが多い。

●ボーキサイト
酸化アルミニウムを主成分とする赤褐色の鉱石で、アルミナ（アルミニウムをつくる中間素材）の原料となる。主要生産国は熱帯、亜熱帯地域に集中している。

◈アルミ価格の急騰も株価を後押し

ギニアで発生したクーデターにより、アルミニウムの国際価格は中国の生産減（電力不足）もあって、10年ぶりの高値をつけた。同社の株価はこれを手がかり材料に反発し、9月7日には1720円まで買われている。

さらなる支援材料は、同月17日の大引け後に発表された配当の増額である。それまで年間36円（中間期・期末とも18円）と発表されていた配当が、50円（中間期・期末とも25円）に増額されたのである。これは、前期比22円の増配となる。

株価はこの増額発表を素直に好感し、同月21日には1910円まで値上がりした。これは、年初の781円に対し2・4倍の水準で

◉大紀アルミニウム工業所の業績推移

	2020年3月期	2021年3月期	2022年3月期
売上高	159,079 （▲19.1%）	139,194 （▲12.5%）	231,200 （＋66.1%）
純利益	5,586 （＋10.4%）	6,142 （＋10.0%）	13,430 （＋118.7%）
年間配当	25 （±0%）	28 （＋12.0%）	50 （＋78.6%）

（注）単位=売上高、純利益は百万円。年間配当は円。（　）は前期比。2022年3月期は会社側予想

あり、上場来高値の更新である。

その後、中国の不動産開発会社「恒大集団」問題、岸田ショックなどの余波を受け、10月5日に1553円まで下押した。しかし、同月19日にはすかさず2045円まで上値を追っている。

今後は資源価格高騰の恩恵を受ける銘柄として、押し目買いスタンスで臨みたい。世界景気の回復が追い風となろう。

2022年3月期は、売上高が66・1%増収、純利益も118・7%増益が見込まれている。これは2021年7月末に発表した業績予想を11月11日に上方修正したものであり、前回予想より売上高が178億円、純利益が30億5000万円のプラスとなった。

◉大紀アルミニウム工業所（5702）の週足

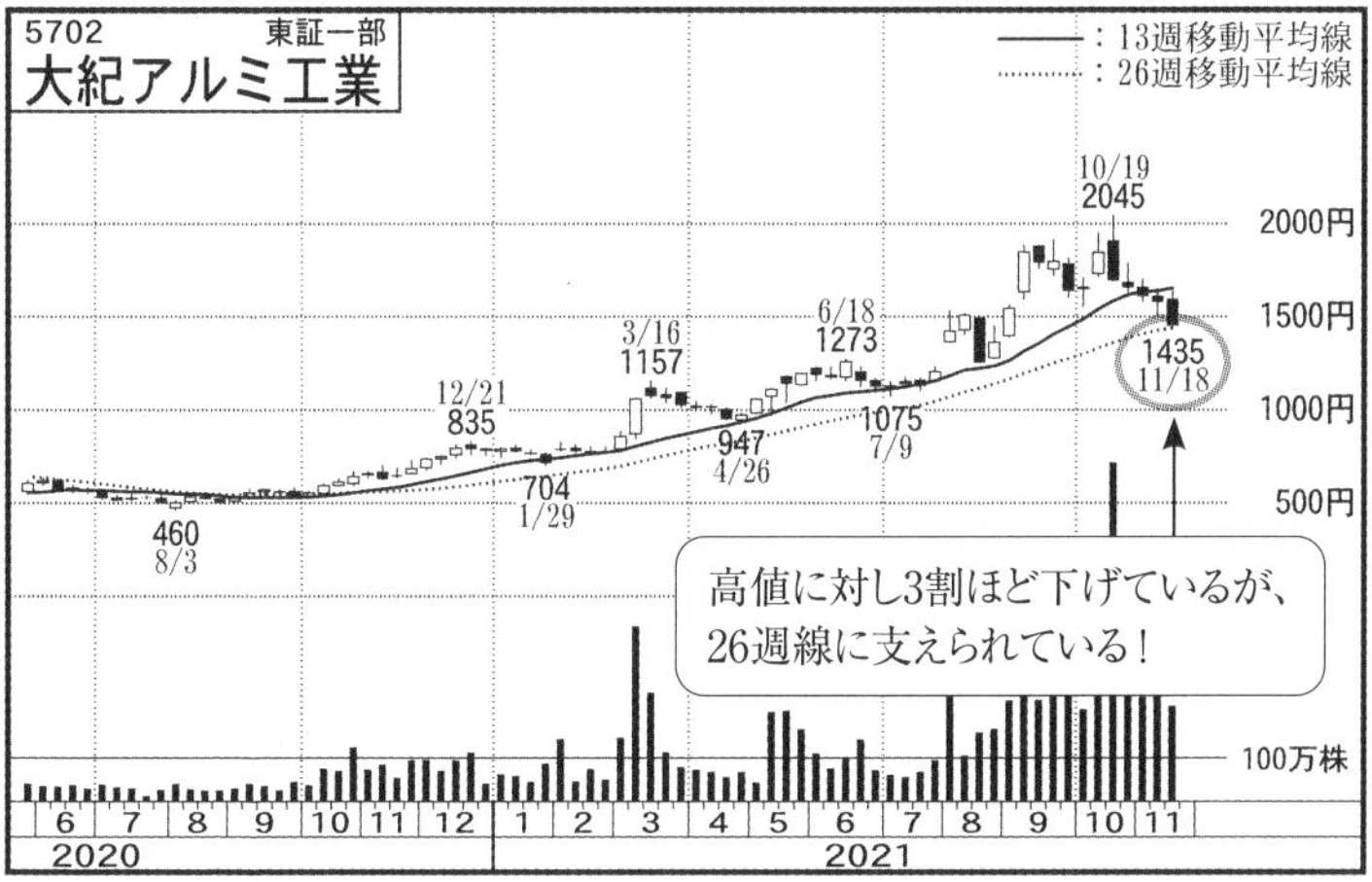

白銅（7637）……★★★

3つのダントツで邁進する大幅増配の金属商社

◇半導体製造装置を中心としたユーザーの幅広さが強み

メーカー向け製品を自社加工しているが、金属商社という扱いのためセクターは卸売業に属する。1932年、現在の東京都中央区八丁堀で白銅商店として創業、60年後の1992年に白銅株式会社として再スタートした。東証1部には2005年に上場を果たしている。

主要ユーザーは半導体製造装置、工作機械、航空・宇宙、5G関連向けと幅広い。同社では3つのダントツ、すなわち、「ダントツの品質」「ダントツのスピード」「ダントツのサービス」をブランドスローガンに掲げており、製品の緻密さと納期の短さには定評がある。

2022年3月期の配当は、前期比38円増の96円と大幅増配が見込まれている。前回予想の94円をさらに2円引き上げた。これは高く評価できる。

●5G
5th Generation（第5世代移動通信システム）の略で、次世代の通信規格のこと。日本では、2020年3月以降サービスが開始されているが、5Gの通信速度は4Gの20倍、遅延は10分の1になるといわれている。

◈業績絶好調、株主優待にも積極的

業績は2022年3月期の売上高が32・6％増の520億円、純利益が87・4％増の24億円、1株利益が211・6円と予想されている。

構造的に同社の業績は、半導体製造装置業界に大きな影響を受ける。現在、この業界では5G関連、データセンター向けに需要の拡大が続いており、設備投資が好調に推移している。これが今後、業績拡大の追い風となる。

2021年の株価は、1451円でスタート。2月19日に1359円まで下げたが、その後は続伸に次ぐ続伸。3月31日の1848円↓6月29日の2306円↓9月14日には3770円まで駆け上がった。これは年初の2・6倍に相当する。

◉白銅の業績推移

	2020年3月期	2021年3月期	2022年3月期
売上高	41,798 （▲7.6％）	39,219 （▲6.2％）	52,000 （＋32.6％）
純利益	1,148 （▲26.6％）	1,281 （＋11.6％）	2,400 （＋87.4％）
年間配当	58 （▲24.7％）	58 （±0％）	96 （＋65.5％）

（注）単位＝売上高、純利益は百万円。年間配当は円。（　）は前期比。2022年3月期は会社側予想

直近は２４００円近辺まで下げているが、13週と26週長短２本の移動平均線はプラスに推移しており、上昇トレンドが続いていることに変わりはない。上昇トレンド、かつ時価が移動平均線の上に位置する銘柄を狙うのは投資のセオリーである。

業績はさらなる上振れの可能性が高く、下値を少しずつ拾っていく作戦が功を奏するだろう。また、財務的にも利益剰余金が１６０億円以上あり、有利子負債は皆無であることも評価対象となろう。

好財務を背景に、株主優待にも積極的である。３００株以上保有する株主に対し、保有株式数に応じて株主優待ポイントが付与される。これも評価できる。

◉白銅（7637）の週足

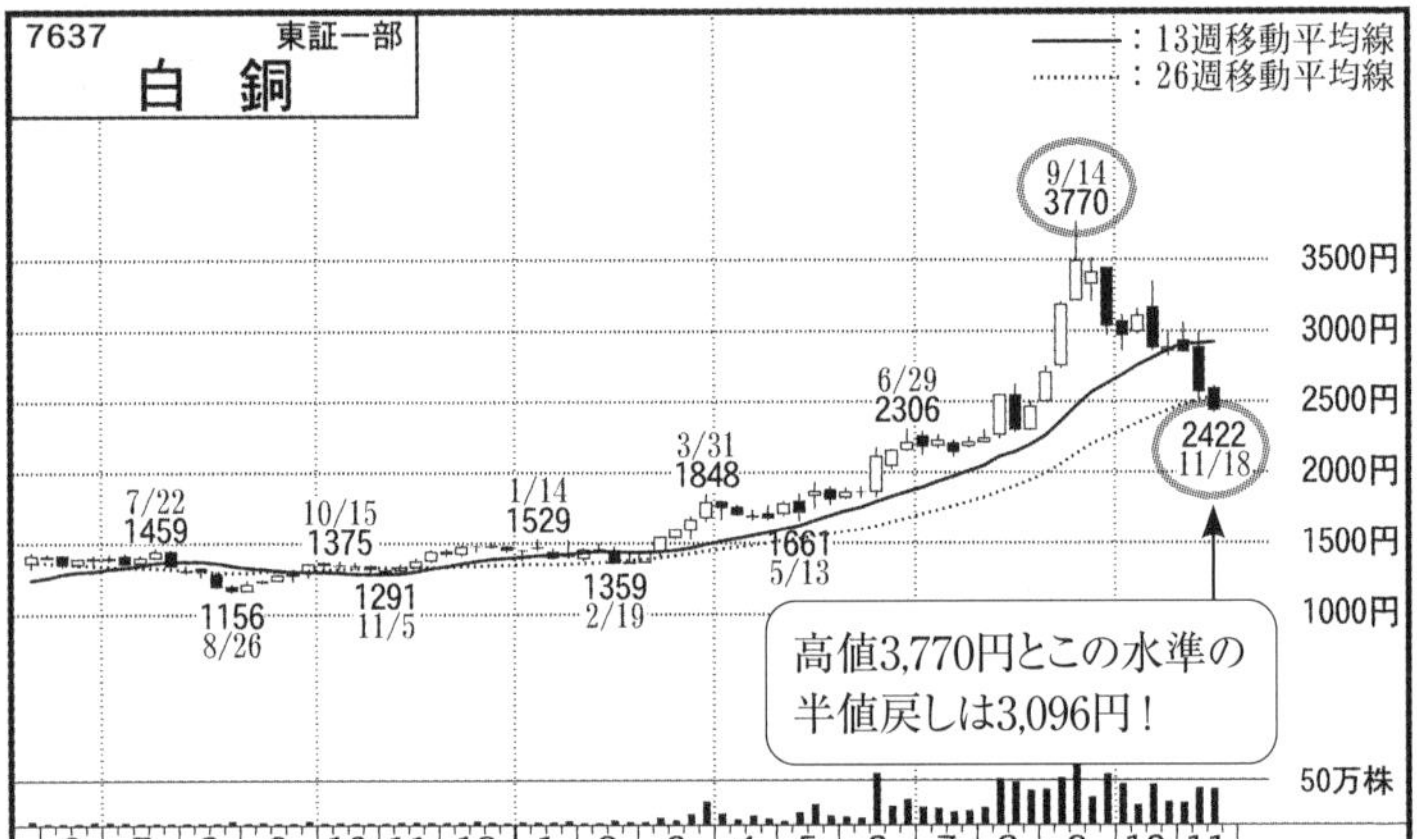

短期狙い　ベスト4

ネツレン（5976）……★★

ダブル・エコの技術を有する金属熱処理メーカー

◇高周波による熱錬処理で成長、業容拡大中

金属熱処理の大手加工メーカーだ。電気による加熱技術を得意とする。1996年に社名の呼称をネツレンに変更した（登記社名は高周波熱錬）。

同社は1946年、日本で初めてIH技術の事業化・工業化に成功して以来、「IH技術のパイオニア」として業容を拡大してきた。この分野の先駆者である。IH技術はクリーンな電気を熱源とするため、近年、ダブル・エコの技術として注目度が増している。すなわち、金属製品セクターに属する同社は、地球環境にやさしいエコ企業といえる。

ただし、現在の売上高構成比は製品事業部関連が57％と最も多く、IH事業部関連は42％にとどまる。また、海外売上高比率は28％となっている。

●IH技術
IHはInduction Heatingの略で、クッキングヒーターなどで知られる誘導加熱のこと。これは主に金属を加熱するための非接触の加熱方式であり、火炎を使用しない。このため、IHを用いた技術は無公害・省資源、二酸化炭素を削減する技術として注目を集めている。

◇業績急浮上、今期純利益は前期の約9倍に

業績は、新型コロナウイルス感染拡大の影響を受け、厳しい状況が続いた。２０２０年3月期、２０２１年3月期と連続して減収となり、２０２１年3月期の純利益は７％ほどの増益だったが、配当は、２０１９年3月期の25円が22円↓14円と連続減配を余儀なくされた。

しかし、２０２２年3月期は、主要ユーザーの自動車業界向け中心に部品販売、熱処理加工などが好調で急回復する。

売上高は前期比21％増の５１５億円、純利益は前期の２億６８００万円が24億円と９倍近くまで増えそうだ。配当は11円増の25円が見込まれている。

◉ネツレンの業績推移

	2020年3月期	2021年3月期	2022年3月期
売上高	48,806 (▲7.9%)	42,567 (▲12.8%)	51,500 (＋21.0%)
純利益	250 (▲73.7%)	268 (＋7.2%)	2,400 (＋795.5%)
年間配当	22 (▲12.0%)	14 (▲36.4%)	25 (＋78.6%)

（注）単位=売上高、純利益は百万円。年間配当は円。（　）は前期比。2022年3月期は会社側予想

株価の動きにもうねりが出てきた。472円でスタートした2021年は、年初の459円を底に上値追いの展開となり、3月19日には681円まで上昇。その後、7月9日には526円まで下げたが、9月8日には721円まで買われている。

直近は600円近辺でもみ合っているが、この水準の配当利回りは4・2％（25円÷600円×100）に相当する。550円まで下がれば4・5％となるだけに、下値は極めて限定的といえる。

100株であれば6万円程度で買えるため、手がけやすいという側面もある。2020年の2月には933円まで買われた経緯があり、意外性も秘めている。

◉ネツレン（5976）の週足

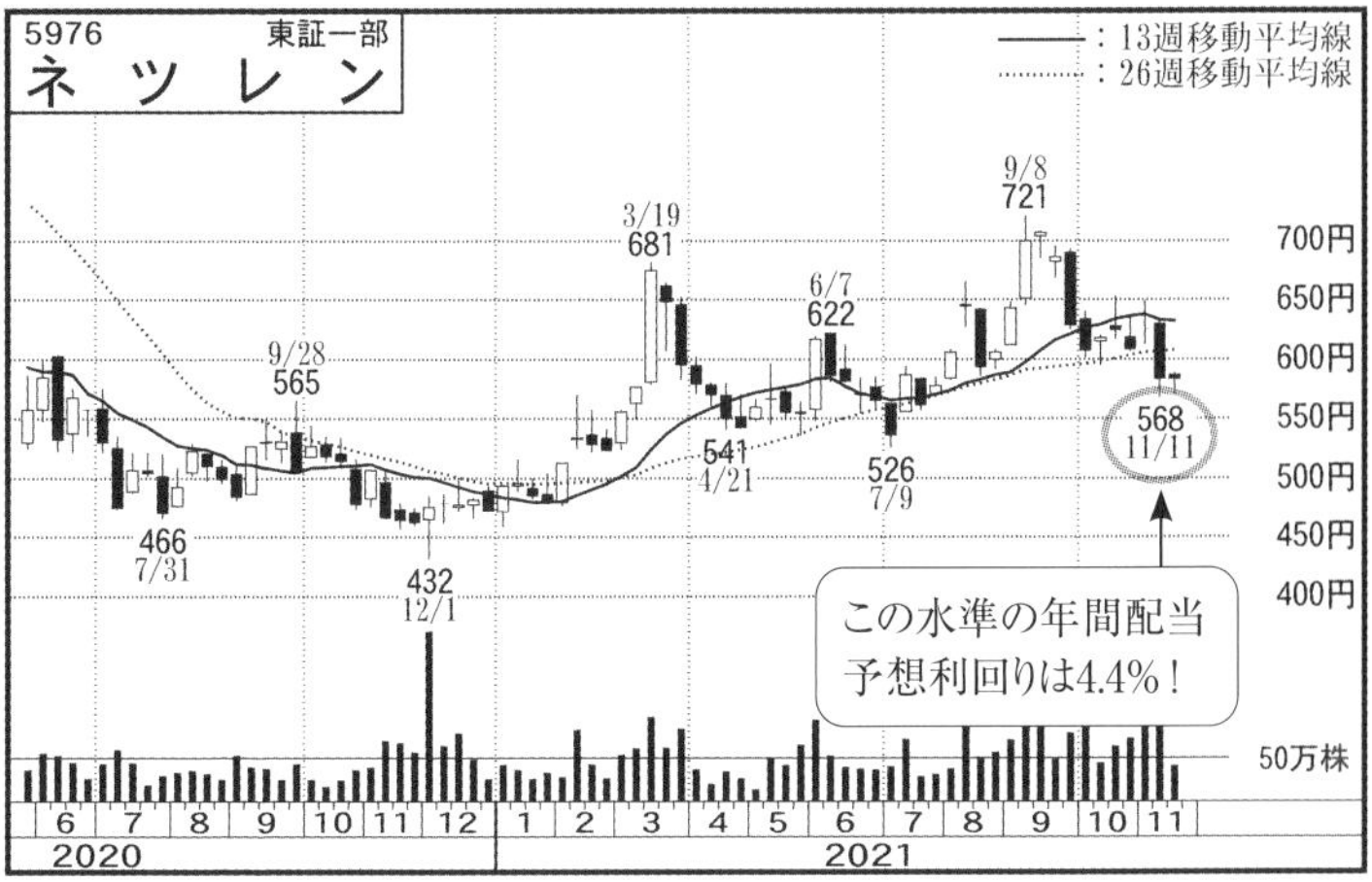

フコク（5185）……★

ワイパーの世界トップ企業、大幅増配増益有望

◇主力の機能品、防振製品が自動車向け中心に急回復

1953年、富国ゴム工業として創立された工業用ゴム製品大手メーカーである。1986年、フコクに商号変更した。本社は埼玉県上尾市にあり、現在、世界9カ国で17のグループ会社が事業を展開している。

高分子技術を用いた自動車用ゴム製品に強く、特にワイパーでは世界シェアナンバーワン企業である。また、振動・衝撃・騒音を制御する防振製品にも力を入れており、これは自動車、鉄道車両、建設機器の乗り心地をよくし、走行を安定させるために不可欠な製品となっている。

このほか、金属・合成樹脂製品、セラミックス・医療用具、バイオ・医療関連製品なども手がけており、売上高比率は機能品事業44％、防振事業37％、金属加工事業9％、ホース事業と産業機器事業が各5％という構成である。

●**高分子技術**
分子量の大きい分子である高分子（ポリマー）をもとにした技術のこと。複数の高分子を混合・分散させることで、それぞれの成分の優れた特性を引き出し、複数の特長を併せ持つ材料をつくり出すことができる。フコクは高分子のプロフェッショナル企業として、高分子のゴム・樹脂を取り扱い、材料開発に注力している。

◇今期配当は倍増、業績の上振れ余地残す

最近の状況は主力の機能品、防振とも受注回復が顕著であり、これは、アメリカ、中国の自動車販売が復調したことによる。懸念は世界的な半導体不足、材料費の上昇、コンテナ不足による運送コストの増加などであるが、これらの影響は最小限にとどまる見通しである。

通期業績は２０２１年３月期まで減収を余儀なくされたが、２０２２年３月期は15・5％増と２ケタ増収が確実視されている。この結果、純利益は24億５０００万円程度となる模様だ。これは前期比２倍近い増益幅だが、会社側予想は保守的であり、上振れ余地は大きいと見られている。

◉フコクの業績推移

	2020年3月期	2021年3月期	2022年3月期
売上高	74,839 （▲4.0%）	63,214 （▲15.5%）	73,000 （＋15.5%）
純利益	309 （黒字転換）	1,254 （＋305.8%）	2,450 （＋95.4%）
年間配当	20 （±0%）	22 （＋10.0%）	49 （＋122.7%）

（注）単位=売上高、純利益は百万円。年間配当は円。（　）は前期比。2022年3月期は会社側予想

財務状態にも問題はなく、2022年3月期の配当は49円配当を実施する。これは、前期の2倍強、27円もの大幅増配であり、業績見通しに対する会社側の自信の現れと判断できる。

691円でスタートした2021年の株価は、1月12日に665円まで下げた。しかし、その後は上値を切り上げる展開となり、8月4日には1158円まで買われている。直近は1000円前後でもみ合っているが、これは年間の予想配当利回り4・5%ほどの水準となる。

2014年12月には1372円の高値があり、短期的に1～2割高狙いが可能な銘柄といえる。

◉フコク(5185)の週足

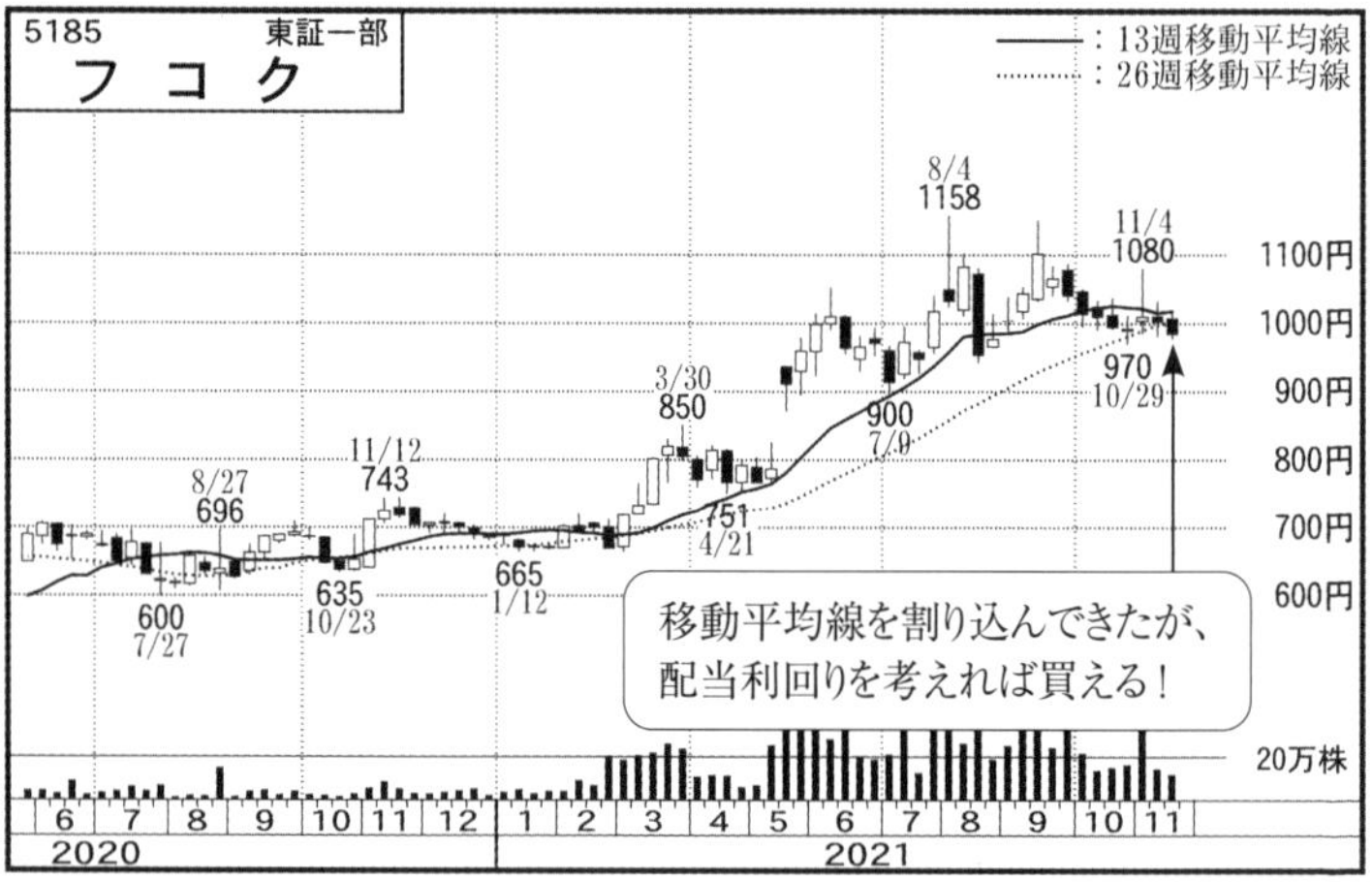

長期狙い ベスト1

フジミインコーポレーテッド（5384）……★★★★

研磨材で業績絶好調のグローバル企業

◇品質の高さを武器に半導体機器向けが伸びる

研磨材の大手として業容を拡大している。1950年、不二見研磨材工業所として創立され、研磨分野でのリーディングカンパニーを目指して開発を進めてきた。技術力に定評がある。

現在の主な製品はシリコンウエハー、半導体デバイス、ハードディスク、機能材、溶射材などとなっており、圧倒的な品質の優位性にこだわった取り組みを行なっている。

同社が生み出す研磨材は、半導体機器などに幅広く使われ、スマートフォン、液晶テレビ、自動車、交通制御システムなど多くの分野で不可欠な存在となっている。本社は愛知県清須市にあるが、海外向けの売上高比率が77％と高いグローバル企業である。

●研磨材
材料の表面を磨くときに使用する粒子のことで、一般に非鉄金属の磨きに適する炭化けい素、金属材料の磨きに適するアルミナが多く使用されている。フジミインコーポレーテッドでは、金属からセラミックまで大きさ、形状を問わず、あらゆる研磨に対応可能な製品づくりを目指している。

◈コロナ禍の影響受けず株価続伸中

業績は絶好調だ。コロナ禍の影響で2021年3月期まで業績が低迷した企業が多いなか、同社は2021年3月期も売上高が9・2%増の419億5600万円、純利益が31・3%増の56億700万円を計上した。高シェアが好業績を支えている。

2022年3月期は一段と拡大する。第1四半期時点で売上高は前期比12%増の470億円、純利益は32%増の74億円と予想されていたが、第2四半期決算発表の際に、大幅上方修正された。

すなわち、2022年3月期は売上高が500億円（前回予想に対し30億円増）、純利益が88億円（同14億円増）、配当が170円

◉フジミインコーポレーテッドの業績推移

	2020年3月期	2021年3月期	2022年3月期
売上高	38,408 （+2.7%）	41,956 （+9.2%）	50,000 （+19.2%）
純利益	4,270 （+0.1%）	5,607 （+31.3%）	8,800 （+56.9%）
年間配当	87 （±0%）	115 （+32.2%）	170 （+47.8%）

（注）単位=売上高、純利益は百万円。年間配当は円。（　）は前期比。2022年3月期は会社側予想

（同25円増）となる。

特筆すべきは財務内容のよさで、５０９億円の利益剰余金に対し、有利子負債はゼロとなっている。このため、今後も増配が続く公算が大きい。３９１５円でスタートした２０２１年の株価は、３月９日の３６２０円で底打ち。以後は、移動平均線に支えられる理想的な形でジリ高が続いている。

９月14日は６９００円まで買われ、10月５日には５７４０円まで急反落した。しかし、その後は再び勢いを取り戻し、11月５日には７７７０円と高値を更新している。有力証券のなかには目標株価を引き上げるところも出てきており、長期的に見れば通過点に過ぎないと思う。

◉フジミインコーポレーテッド（5384）の週足

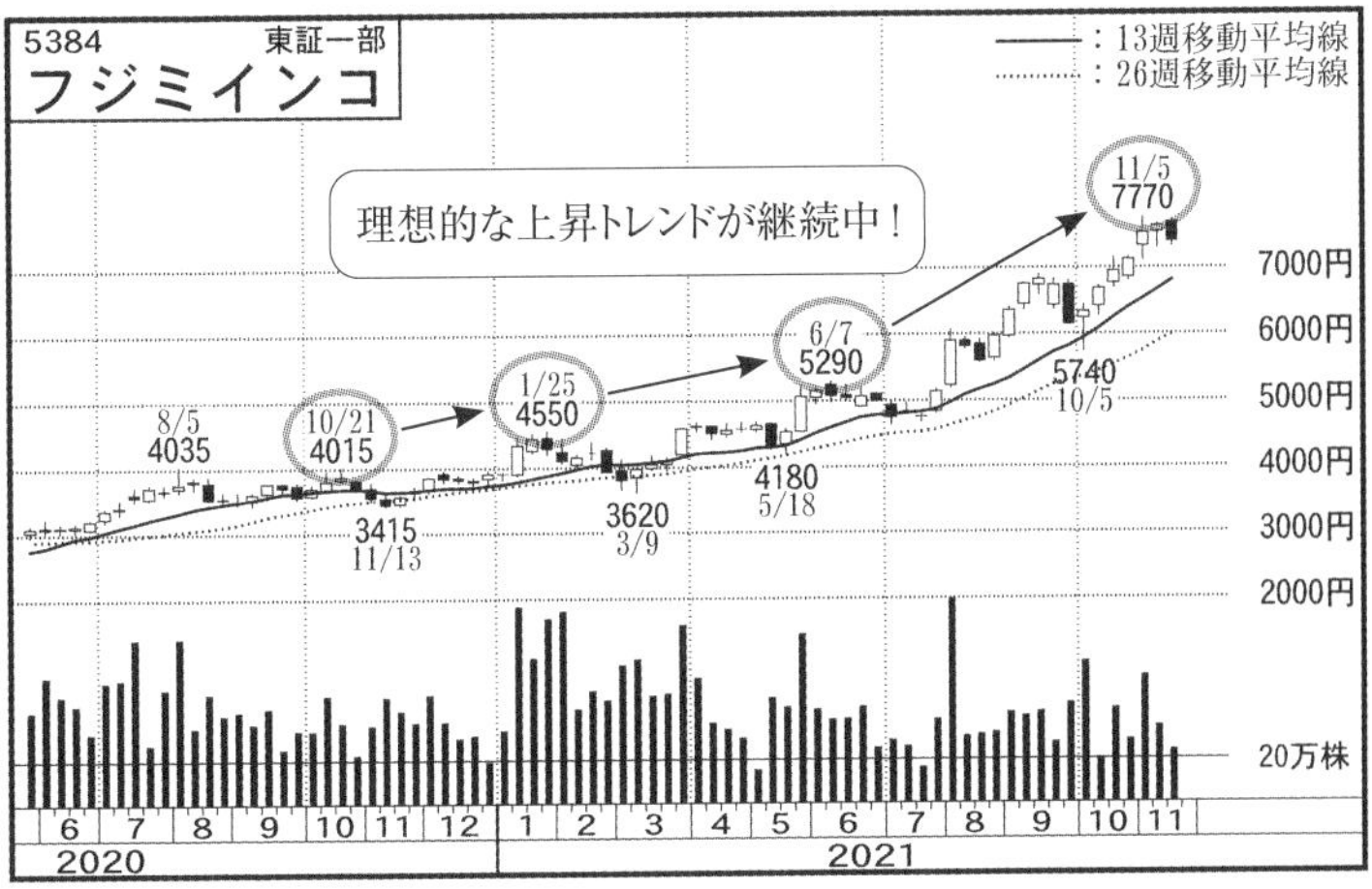

シチズン時計（7762）……★★★

今期黒字転換で株価急回復の有望株

◈第2のコア事業も軌道に乗り収益構造の多角化が進む

1918年創業の腕時計大手だ。2018年には創業100周年を迎えた老舗企業である。2003年に世界で初めてアンテナ内蔵型フルメタルケースの電波時計を発売し、2016年には世界最薄の光発電時計を発売した。

社名に時計がついているが、時計専業ではない。直近の売上高構成比率は、時計46%、工作機械23%、デバイス22%、電子機器ほか9%となっている。

中期経営計画では「時計事業の収益力強化」とともに、第2のコア事業である「工作機械事業の成長促進」が喫緊《きっきん》の課題であるとされている。

業績はコロナ禍の影響を受け、2020年3月期に166億円強の最終損失を計上した。続く2021年3月期もこの悪い流れはとまらず、251億円強と赤字幅が拡大した。売上高の減少が響いている。

●**電波時計**

正確な時刻情報を持つ標準電波を受信し、現在時刻を表示する時計のこと。日本には、東日本(福島局)と西日本(九州局)の2カ所に、国立研究開発法人・情報通信研究機構が管理運営する電波局がある。

●**光発電時計**

光のエネルギーを動力源とする時計のこと。1976年、シチズンは太陽光や室内のわずかな光を電気に換えて時計を動かし、余った電気を二次電池に蓄える独自の技術を開発した。

◇赤字体質に終止符、大幅増配で割安感台頭

主力の時計事業では、インバウンド需要の消失が大きなダメージとなった。しかし、２０２２年３月期は急回復が見込まれている。時計事業は、コロナ禍を経て販売が北米中心に回復してきており、工作機械事業も海外向けの受注状況が好転している。

この結果、２０２２年３月期は売上高が３割以上増収の２７３０億円、純利益が１４５億円と大幅に黒字転換する模様である。

また、２０２１年３月期には5円まで減少した年間配当についても、２０２２年３月期には13円増の18円が見込まれており、株価支援材料となっている。

２０２１年の株価は２９９円でスタートし

◉シチズン時計の業績推移

	2020年3月期	2021年3月期	2022年3月期
売上高	278,531 （▲13.4%）	206,641 （▲25.8%）	273,000 （＋32.1%）
純利益	▲16,667 （赤字転落）	▲25,173 （赤字継続）	14,500 （黒字転換）
年間配当	12 （▲40.0%）	5 （▲58.3%）	18 （＋260.0%）

（注）単位＝売上高、純利益は百万円。年間配当は円。（　）は前期比。2022年3月期は会社側予想

たが、２月の第１週目に移動平均の13週線が26週線を上抜くゴールデンクロスを示現した。以後、２本の移動平均線が株価を支える形で上値を切り上げている。

６月９日の４５９円を８月16日に上抜き、９月16日には５５３円まで買われた。３段上げを完了した形になっている。

しかし、割高感はまったく感じられない。直近の株価５００円近辺は、年間配当利回り３・６％に相当する。したがって、下値は限定的であり買い安心感がある。

有力証券ではレーティングの目標株価を引き上げるところも増えてきた。長期方針で配当をもらいつつ、丹念に押し目を拾っていきたい銘柄である。

◉シチズン時計（7762）の週足

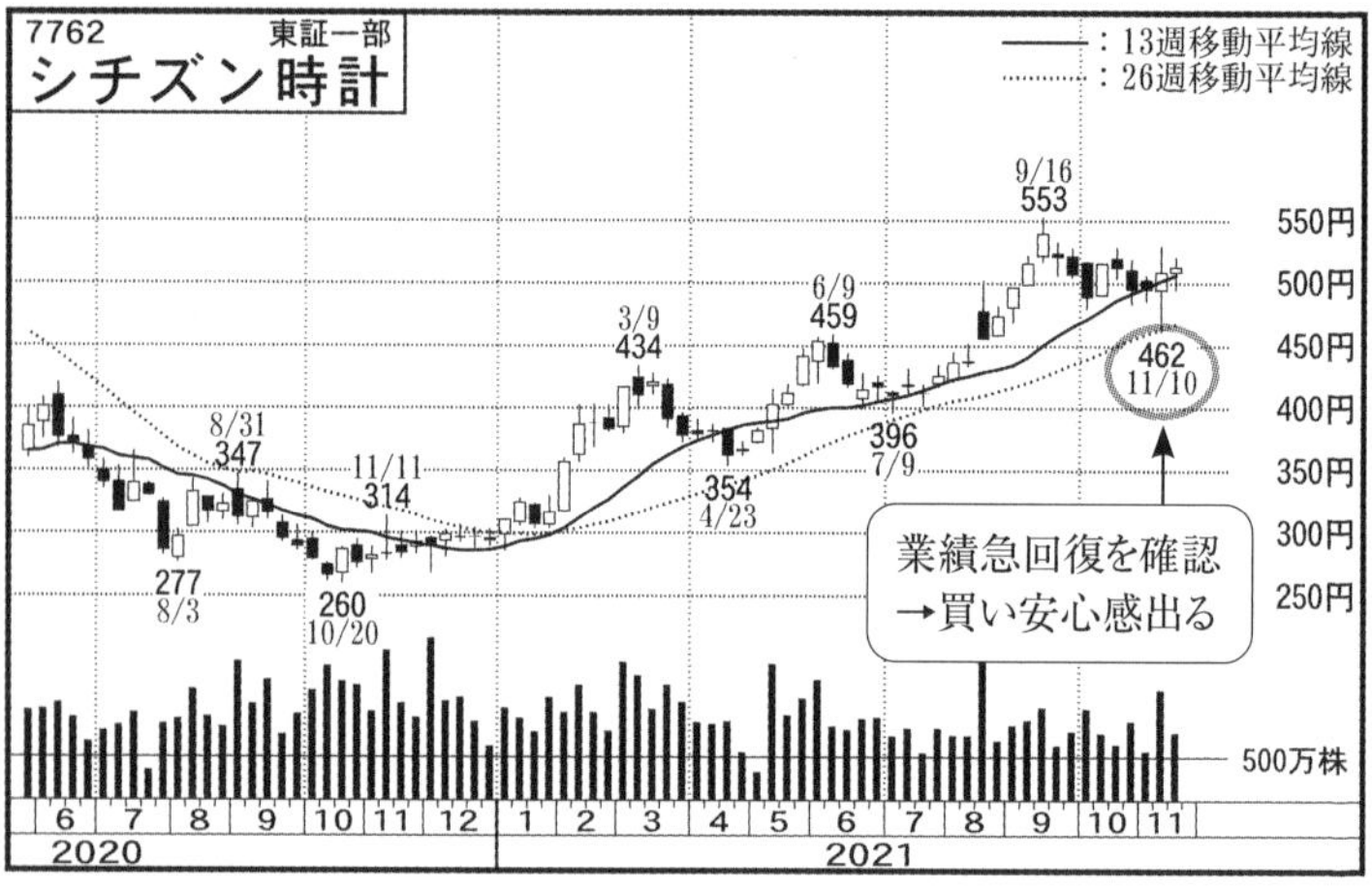

長期狙い　ベスト3

ショーボンドホールディングス（1414）……★★

受注環境明るいメンテナンス業界のトップ企業

◇深刻さを増す社会インフラの老朽化・長寿化に対処

道路、橋梁、トンネルを中心にインフラ補修工事を手がけている。1958年に昭和工業株式会社として誕生した同社は、2018年に会社創立60周年を迎えた。この間、2008年に株式移転によってショーボンドホールディングスが設立され、東証1部に上場している。

社名に使われているショーボンドは、会社創立翌年に開発された土木建築用接着剤の名前に由来する。実際、この接着剤の製造・販売・施工に関する事業に乗り出したことで、同社は「メンテナンス業界のトップランナー」といわれるまで成長した。社会インフラの再生には不可欠の企業である。

同社の名前が一躍知れわたったのは、1964年に発生した新潟地震のときだといわれている。この地震で落橋した橋を復旧する際、同社は合成樹脂の注

●株式移転
自社の株式を新しく設立した会社に取得させることをいう。株式移転は、ホールディングカンパニーなどの持ち株会社を設立するときに行なわれる。なお、発行株式のすべてを他の法人が取得することは株式交換といわれ、これは通常、他社を自社の完全子会社とするために行なわれる。

入工事を担当し、それ以降、全国各地の橋梁などの補修・補強にはこの工法が採用されたのだという。

道路、橋梁、トンネルは、高度成長期に大量に建設された。50年以上の月日が経過した現在、これらの社会インフラは多くが老朽化している。このため、老朽化および長寿化対策が喫緊の課題となっており、同社の受注環境は極めて良好といえる。

◇業績堅調で14期連続増配の公算大

業績は、引き続き極めて堅調だ。2021年6月期の売上高は前期比18・5％増の800億6500万円、純利益は同25・9％増の113億4000万円で決着した。2022

◉ショーボンドホールディングスの業績推移

	2020年6月期	2021年6月期	2022年6月期
売上高	67,590 （＋11.1％）	80,065 （＋18.5％）	82,200 （＋2.7％）
純利益	9,005 （＋11.4％）	11,340 （＋25.9％）	11,500 （＋1.4％）
年間配当	79.5 （＋17.8％）	105.5 （＋32.7％）	108.0 （＋2.4％）

（注）単位=売上高、純利益は百万円。年間配当は円。（　）は前期比。2022年6月期は会社側予想

年6月期の会社側予想は売上高が2・7％増収、純利益が1・4％増益となっているが、これはあまりにも慎重な見方だとする声が強い。景気刺激策の効果がある。

2022年6月期の配当については、前期比2・5円の108円とする計画である。同社は連続増配を実施している企業としても知られており、今期も増配が行なわれれば14期連続となる。

2021年の株価は5020円で始まり、1月20日の4500円で底打ち。その後反転し、9月14日には5220円まで買われている。直近は5000円近辺でもみ合っているが、下値買いに徹する限り、極めて安全性の高い投資となろう。

◉ショーボンドホールディングス（1414）の週足

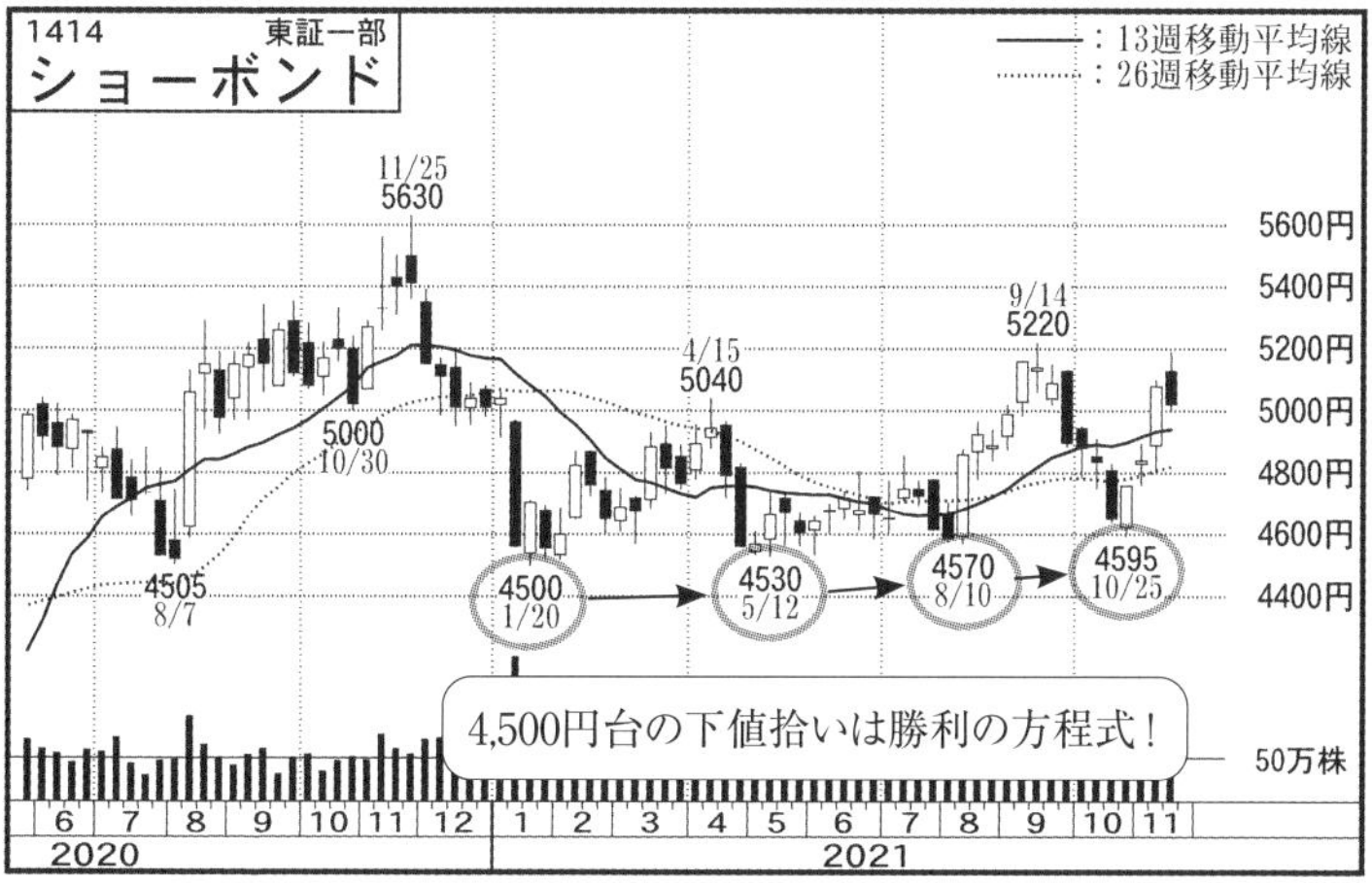

東京センチュリー（8439）……★★

積極経営が光る伊藤忠商事系のリース大手

◈日本電信電話と資本業務提携、ニッポンレンタカーも傘下に

２００９年、**伊藤忠商事（8001）**系のセンチュリー・リーシング・システムと、旧第一勧業銀行（現在のみずほ銀行）系の東京リースが合併して誕生した大手リース会社である。

したがって、現在も伊藤忠商事が筆頭株主で発行済み株式数の約3割を保有している。ちなみに、大株主の2番目は旧勧銀系の不動産管理会社（中央日本土地建物）、3番目は**日本電信電話（NTT＝9432）**となっており、みずほ銀行は5番目の大株主にすぎない（発行済み株式数の3・8％を保有）。

日本電信電話が3番目の大株主になっているのは、２０２０年に東京センチュリーと資本業務提携を締結したことによる。その後、同社は伊藤忠商事と日本電信電話を割当先とする第三者割当増資を実施し、現在に至っている。

●**資本業務提携**
資本業務提携の締結では、提携会社（A社）に対し、提携会社から資本の注入を受けた会社（B社）が議決権を与える。この結果、提携企業による経営参画、財務的な支援などが期待でき、業務提携だけのケースよりも強固な関係を築くことが可能となる。

●**第三者割当増資**
特定の第三者に新株を引き受ける権利を付与し、新株を引き受けさせる増資のこと。取引先などの縁故関係者に与えて発行することが多いため、縁故募集ともいわれる。この資金調達の方法は、業務提携先や取引先との関係安定化をはかる場合のほか、経営状況が悪いため通常の増資ができないときなどに用いられる。

このような経緯が示すとおり、現在の同社は銀行色が薄いため、思い切った経営をしやすいという利点がある。実際、2013年にはニッポンレンタカーの株式を取得して連結子会社化し、2018年には**神戸製鋼所（5406）**の不動産子会社を同じく傘下に収めている。

◈収益力が急回復、連続増配の更新確実

現在、同社の事業は国内リース（売上高構成比率44％）、国内オート（同28％）、スペシャリティ（同20％）、国際（同8％）の4つを柱とする。

直近の決算では、コロナ禍の影響を受けるレンタカー事業などでは苦戦が続くが、販売

◉東京センチュリーの業績推移

	2020年3月期	2021年3月期	2022年3月期
売上高	1,166,599 （+9.3%）	1,200,184 （+2.9%）	未開示
純利益	56,303 （+7.7%）	49,145 （▲12.7%）	60,000 （+22.1%）
年間配当	136 （+9.7%）	138 （+1.5%）	143 （+3.6%）

（注）単位=売上高、純利益は百万円。年間配当は円。（　）は前期比。2022年3月期は会社側予想

費・一般管理費の削減効果が表れている。また、国内リース事業では、２０２０年７月に持分法適用関連会社としたＮＴＴ・ＴＣリースの利益が貢献し始めている。

２０２２年３月期について売上高は未開示（第２四半期決算発表時点）とされているが、純利益は前期比22・１％増の６００億円が見込まれている。配当は前期比５円増の１４３円とする。同社は毎年増配することで知られており、株主重視の姿勢は評価できる。

２０２１年の株価は、１月26日に９３４０円まで買われたあと下げに転じた。しかし、７月９日の５３９０円を底に立ち直り姿勢を鮮明にしている。下げ止まったのではないか。長期妙味十分の銘柄である。

◉東京センチュリー（8439）の週足

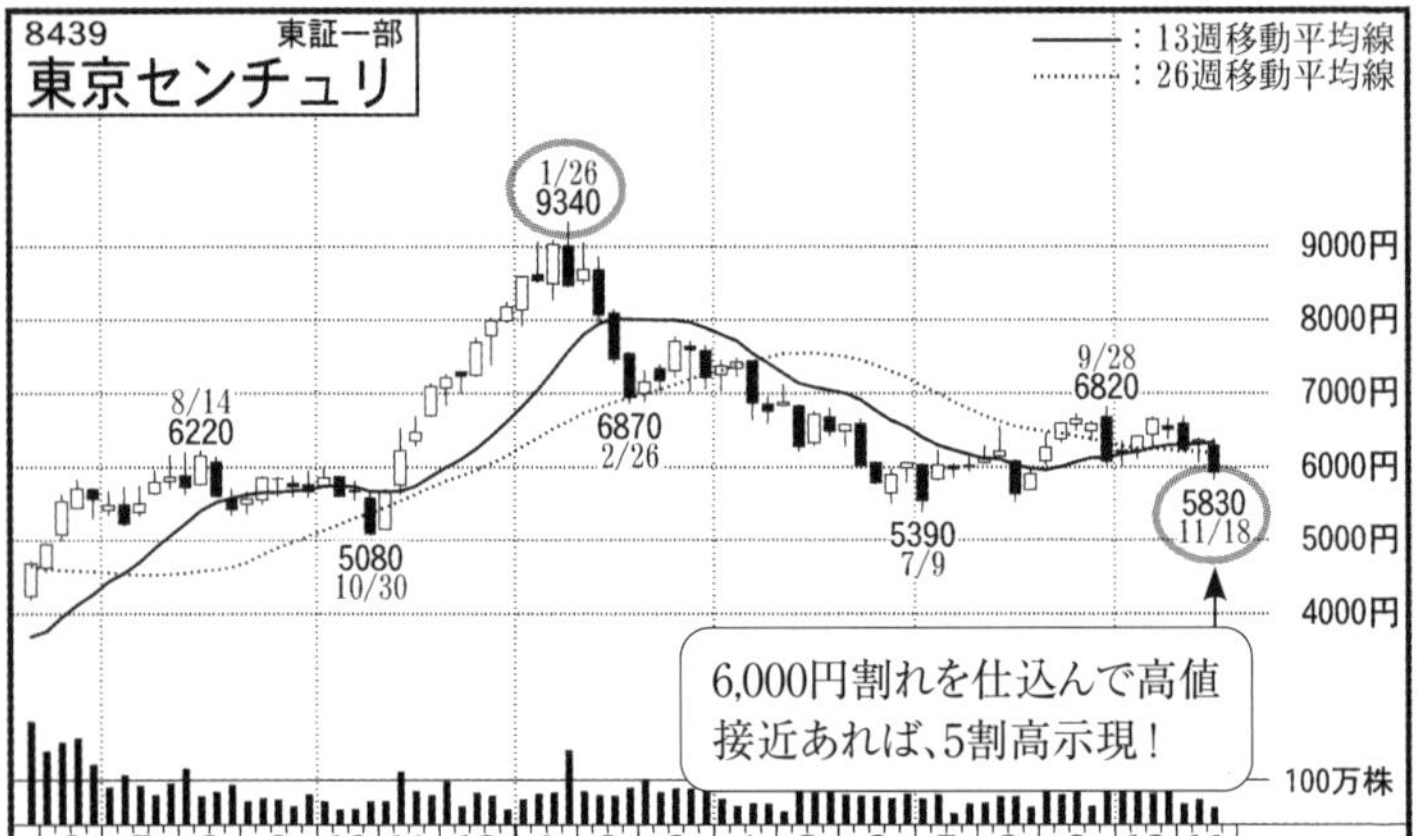

長期狙い　ベスト5

日本触媒（4114）……★

世界トップシェア製品を有する化学メーカー

◈触媒の力をベースに長期的な成長戦略を指向

紙おむつなどに使われる高吸水性樹脂では、世界シェアトップを誇る。また、その原料であるアクリル酸でも世界有数の化学メーカーである。1970年、世界で初めてアクリル酸をプロピレンの直接酸化によってつくる製法を開発し、その高度な技術は世界中の有力化学メーカーで採用されている。

同社は、1941年に大阪で設立された。社名に使われている「触媒」は化学製品には不可欠なものであり、触媒を自ら開発し、それを磨き上げていくことで発展しようとの想いが込められている。

現在、同社では2050年のカーボンニュートラルの実現に向けたサステナビリティを推進しており、水素利用社会の本格到来を背景に長期的な成長が期待できる。

●アクリル酸
プロピレンを直接酸化して製造される製品で、不純物が少ないため増粘剤などさまざまな化成品の原料として使われる。なお、プロピレンは、石油精製分解中のガスに多量に存在する無色・可燃性のエチレン系炭化水素である。

●触媒
化学反応を促進させるような物質のこと。触媒によって引き起こされる反応を触媒反応という。

◈今期は黒字転換確実で40円増配の公算大

同社の事業別売上高構成比率は、高吸水性樹脂などの機能性化学品事業が57％、酸化エチレンなどの基礎化学品事業が40％、プロセス触媒などの環境・触媒事業が３％となっている。また、海外売上高比率が全体の55％と過半の状態にある。

セグメント別の状況を見ると、機能性化学品事業、基礎化学品事業ともに原料価格、製品海外市況の上昇に伴う販売価格・販売数量増により、増収傾向となっている。

業績は２０２０年３月期以降減収となり、２０２１年３月期には純利益が赤字となった。しかし、２０２２年３月期は海外向けの高吸水性樹脂などの採算が急回復し、売上高

◉日本触媒の業績推移

	2020年3月期	2021年3月期	2022年3月期
売上高	302,150 （▲13.6%）	273,163 （▲9.6%）	355,000 （＋30.0%）
純利益	11,094 （▲55.6%）	▲10,899 （赤字転落）	20,500 （黒字転換）
年間配当	180 （＋5.9%）	90 （▲50.0%）	130 （＋44.4%）

（注）単位=売上高、純利益は百万円。年間配当は円。（　）は前期比。2022年3月期は会社側予想

は２ケタ増収の３５５０億円、純利益は２０５億円程度の黒字転換が見込まれている。５８２０円で始まった２０２１年の株価は、３月29日に６７４０円まで買われた。その後、７月９日には５０８０円まで売られたが、直近は５５００円近辺で小動きを続けている。

２０２２年３月期の年間配当は、前期比40円増の１３０円が予定されているが、これには10円分の記念配当（創立80周年記念）が含まれている。

なお、水素に関するニュースとしては、アンモニアを水素と窒素に分解できる触媒を開発したことが報じられており、このような話題も株価支援材料となろう。

◉日本触媒（4114）の週足

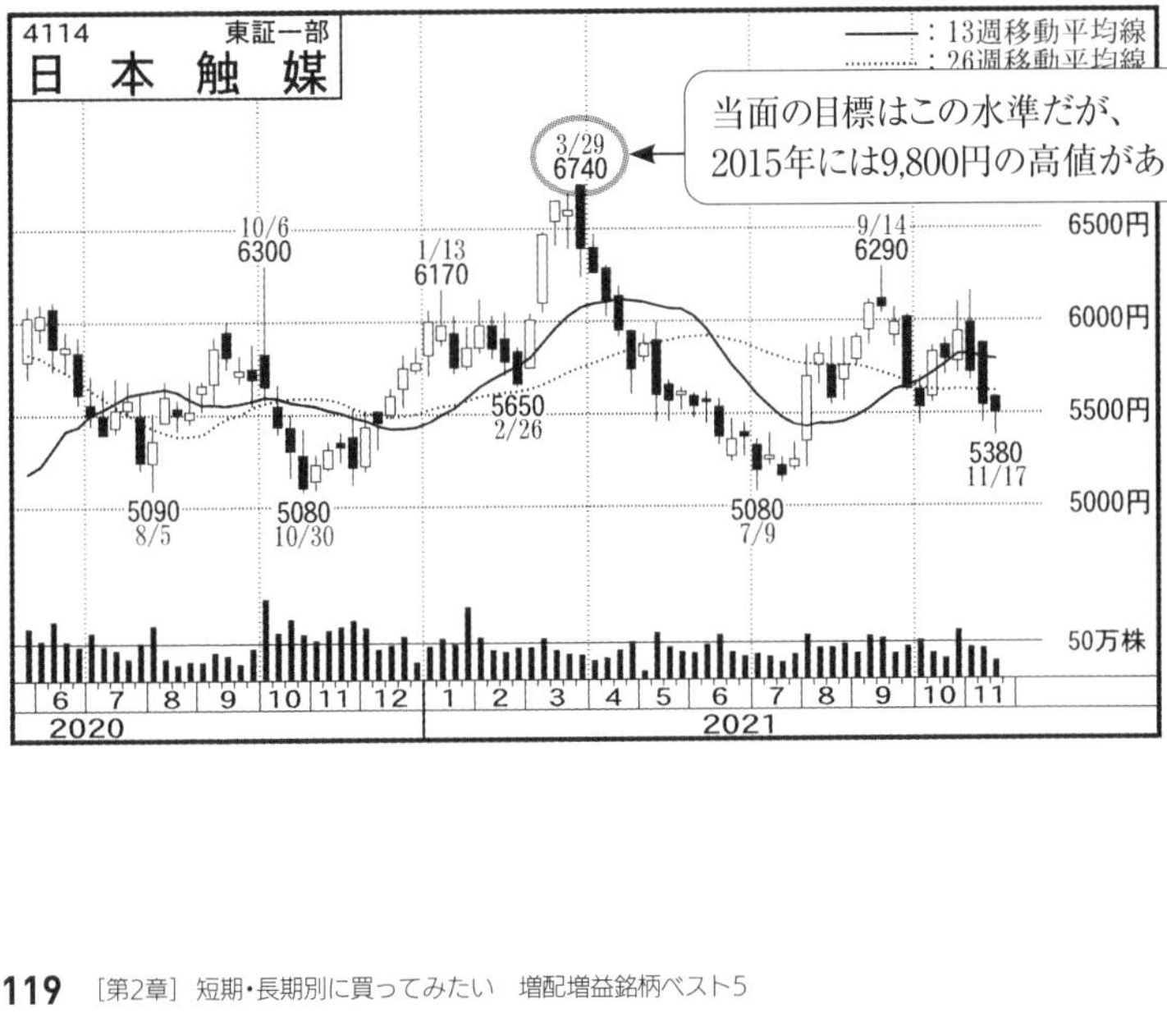

コラム 3

迷走を続けるIR（統合型リゾート）計画

2018 年に当時の安倍政権がアメリカの意向を受け、成長戦略の柱として導入を決定、菅政権がその政策を引き継いだ IR 計画が迷走気味である。

IR とは、統合型リゾートのこと。ホテル、イベント会場、商業施設などを建設する。中核はカジノだ。これがないと、運営会社は採算を取るのが難しい。

開発投資は、1 兆円規模とされている。さらに、マカオ、シンガポールのように、インバウンド（訪日外国人）を呼び込める。このため、コロナショックの前までは、地域活性化の切り札として期待されていたのは確かだろう。

当初、IR 誘致に動いた自治体は 8 グループ（都市・地域）だったが、その後、北海道、千葉市、横浜市が離脱。東京都と名古屋市は態度を保留。この結果、現在は大阪府・大阪市、長崎県、和歌山県の 3 陣営に絞られている。

大阪府・大阪市は**オリックス（8591）**とアメリカの MGM リゾーツ・インターナショナル連合、長崎県はカジノオーストリア・インターナショナル、和歌山県はカナダの投資会社クレアベスト・グループと事業協定を結ぶ方向にある。

先行しているのは大阪府・大阪市だ。2025 年の大阪万博、そして IR 誘致を関西圏飛躍の起爆剤としたい考えである。舞台はドリームランド「夢洲《ゆめしま》」になる。

すでに株式市場では、カジノに不可欠の貨幣処理機大手である**日本金銭機械（6418）**、会場予定地周辺の土地持ち会社**ヨコレイ（2874）**、**杉村倉庫（9307）**、**櫻島埠頭（9353）**などが話題を集めている。とはいえ、IR には反対意見が多く、横浜市などのケースを見ても政治リスクが存在する。結果的に外資は参入をためらうのではないか。

第2部　銘柄発掘・分析編

時代が変われば株価も変わる!

[第3章]

新テーマ株で
株価大化けの夢を追う

激変する時代が求めるフレッシュなテーマ株価10倍のテンバガー候補銘柄を探す

◈ファンダメンタルズの裏付けがなくても急騰するという事実

前章では、今期の増配と増益が見込める銘柄に照準を当てた。これらは好業績をベースにしているため、基本的に株価は底堅く推移する。ただし、「夢とロマン」には欠ける。

これに対し、この章で取り上げる銘柄は、有望かつ新鮮味のあるテーマ性を内包している点に着目した。ファンダメンタルズの裏付けのないテーマ株は急落することもあるが、人気化すれば想定外の急騰劇を演じる。

実際、2021年の秋に新型コロナウイルスの感染者数が急減すると、大赤字（2021年3月期の純利益は162億円強の損失）の**テイクアンドドギヴ・ニーズ（4331）**などアフターコロナ関連銘柄が急騰したではないか。

用語解説

●**ファンダメンタルズ**
国、企業などの経済状態を表す指標のこと。国の場合は経済成長率・物価上昇率など、企業の場合は、業績・財務状況などによって示される。これをもとに株価などの値動きを予測することをファンダメンタルズ分析という。

●**テンバガー**
株価が10倍以上に上昇した銘柄のこと。野球用語のバガー（塁打）に由来し、テンバガーはすなわち10塁打を意味する。

◇将来的な需要の拡大が投資妙味を増幅させる

また、リオープニング（経済再開）関連としては、航空券予約サイトを運営する**エアトリ（6191）**がある。同社株は、2020年3月の517円が2021年10月4日に約9倍の4595円まで急騰した。テーマ性は重要である。

このように、テンバガーの多くはテーマ株であることが多い。激変する時代には、それに即した新しいテーマ株が登場する。それを見逃してはならない、と思う。

次ページ以下には、5つの新テーマ株を取り上げてみた。いずれも、激変する時代が求めるテーマと銘柄である。有望なテーマ性を有する企業には、中・長期的に巨額の需要が発生し、それを先取りする形で株価は急騰する。

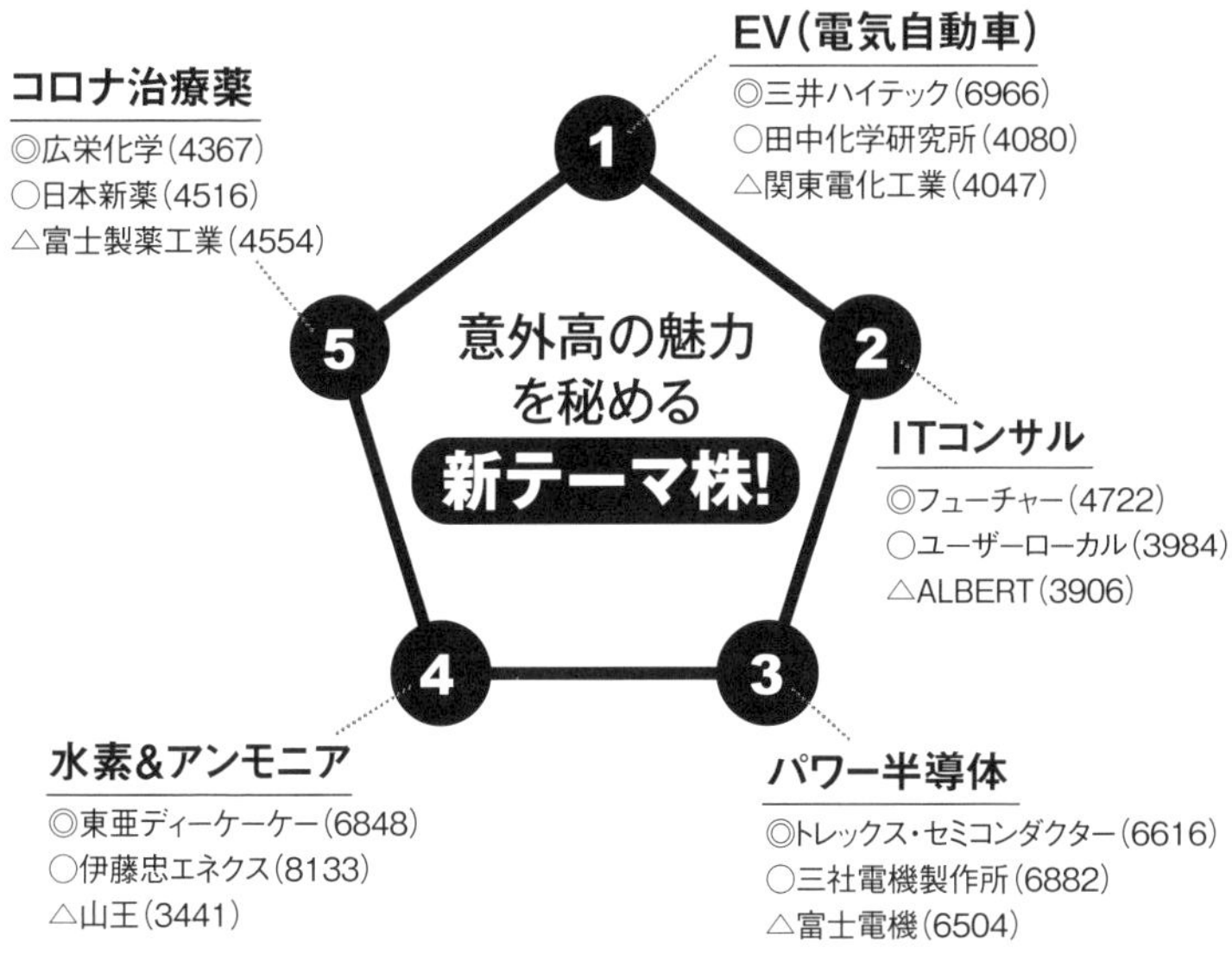

＊◎は特注銘柄

新テーマ 1

2050年にはガソリン車が消える!? 地球を救うEV（電気自動車）

◈脱炭素社会の実現に不可欠なガソリン車・ディーゼル車の規制

二酸化炭素の排出量を規制する脱炭素社会の実現は、今や世界的な命題となっている。増え続ける二酸化炭素は、地球温暖化の主な要因とされる。このため、二酸化炭素を含んだ排気ガスを大量に排出するガソリン車・ディーゼル車の規制は、欧米を中心に現実のものとなっている。実際、ドイツ、イギリス、フランスでは2030年にガソリン車・ディーゼル車の規制を開始し、2035年までに販売を禁止する。

この流れを受け、国内外の大手自動車メーカーは、EV（電気自動車）の開発に注力している。2030年には、電気自動車の新車販売台数が5割を超えると予測されている。

●**二酸化炭素**

二酸化炭素は炭素を燃焼させることによって発生する酸素との化合物だが、赤外線を吸収するため温室効果を高めてしまう。このほか、地球温暖化の要因となる温室効果ガスにはメタンガス、フロンガスなどがある。

●**脱炭素社会**

地球温暖化の原因となる温室効果ガスの排出量をゼロにする社会のこと。地球環境を守るためには、二酸化炭素の排出量を実質的にゼロの状態にすることが求められている。なお、二酸化炭素の排出を抑制するという概念は、「カーボンニュートラル」とも呼ばれている。

◈40倍以上に拡大する電気自動車の市場規模

大和証券の調査によると、２０３８年には世界の新車販売台数の５割以上が電気自動車に置き換わり、２０５０年には約９割が電気自動車になると予想されている。これにより、２０３０年の電気自動車の市場規模は、２０１６年に比べて約43倍（１０３兆円）に拡大する。

電気自動車は車体の構造上、使用する部品の数が少なくて済むが、それだけに高い技術力を必要とする。これは、特殊かつ高度な技術を持つ関連企業であれば、巨額の市場規模に拡大する電気自動車分野において、大きく成長できることを意味する。次ページ以降は、そのような将来性有望な銘柄である。

◉世界の自動車販売台数の見通し

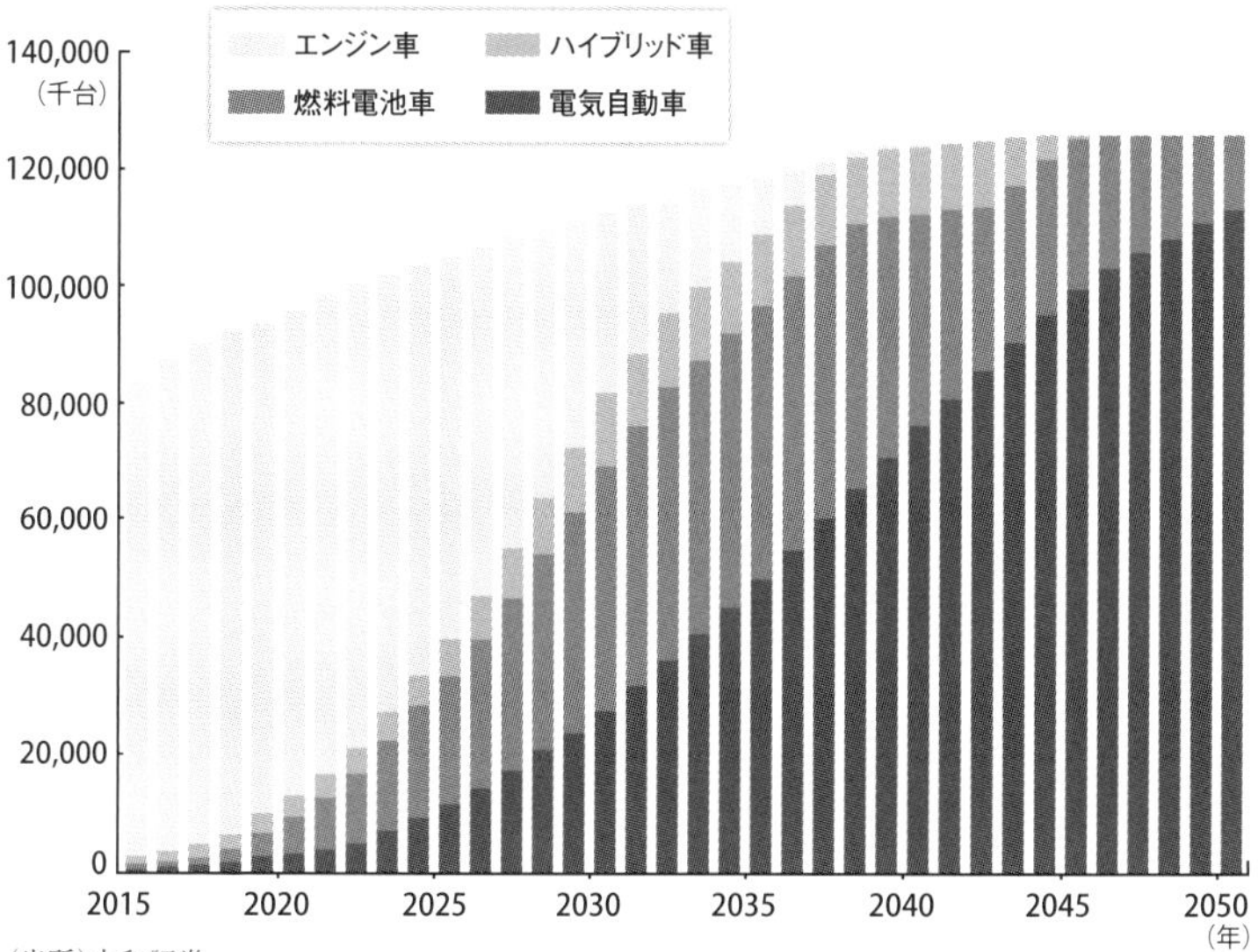

（出所）大和証券

特注銘柄▼1

三井ハイテック（6966）

◈自動車用モーターコアの世界トップ企業

ミクロン単位の精密加工技術を強みとするグローバル企業である。高い技術力をベースにモーターコア、工作機械などの分野に進出している。

電気自動車関連の特注銘柄としたのは、自動車用モーターコアで世界トップシェア（約70％）を誇り、長期的にも電動車向けの受注拡大が見込めることによる。

加えて、電気自動車の開発に注力する**トヨタ自動車（7203）**が発行済み株式数の2・3％を保有し、主要取引先であることも強調できる。なお、社名に「三井」がついているが、これは創業者の名前（三井孝昭氏）に由来するもので、三井グループとは関係がない。

●**モーターコア**
モーターを構成する中心部（コア）の部品のこと。金型をプレス加工してつくるモーターコアは、モーターの心臓部に当たるため、高い加工精度が要求される。三井ハイテックは、長年培ってきたカシメと呼ばれる技術によって、自動車用モーターコアを年間約160万個生産している。

◈受注絶好調で業績も最高益更新

直近は、世界的な半導体不足による自動車各社の減産の影響を受けたものの、電動車関連の受注が想定以上に伸びている。また、モーターコアだけでなく半導体用ICリードフレームも好調に推移している。

2022年1月期の中間決算は、売上高が前年前期比45・8%増の642億2800万円、純利益が749・5%増の45億9000万円で着地した。EV関連が伸びている。

つれて2022年1月期の通期は、売上高が前期比38・5%増の1348億円、純利益が3倍増の78億円、年間配当は6円増の27円が予定されている。これは24期ぶりの最高益更新である。

◉三井ハイテックの事業別業績

(2022年1月期第2四半期)

事業	売上高(億円)	前年同期比(%)	営業利益(億円)	前年同期比(%)
電機部品	353.45	+59.5	44.82	+366.9
電子部品	267.82	+38.9	24.71	+301.6
金型	48.72	+11.1	5.57	+23.1
工作機械	3.96	▲0.3	▲1.47	――

(注)売上高は、事業間の内部売上高ほかを含む

◈上値追い続き5ケタでの活躍に期待

絶好調の業績を背景に、株価も極めて順調だ。３９３０円でスタートした２０２１年の株価は、３月９日の安値３４６０円を経て上値を切り上げている。４月２日の５３４０円、６月23日の６８６０円に続き、中間決算発表後の９月14日には９２８０円まで買われた。抜群の強さである。

その後、10月６日に６７２０円まで下げたが、11月11日には９７９０円と高値を更新している。チャートは理想的な上昇トレンドを描いており、押し目は絶好の買い場となる。

電気自動車市場の将来性をにらみ、目標株価を１万１０００円に切り上げた有力証券もある。ここは強気に対処したいと思う。

◉三井ハイテック（6966）の週足

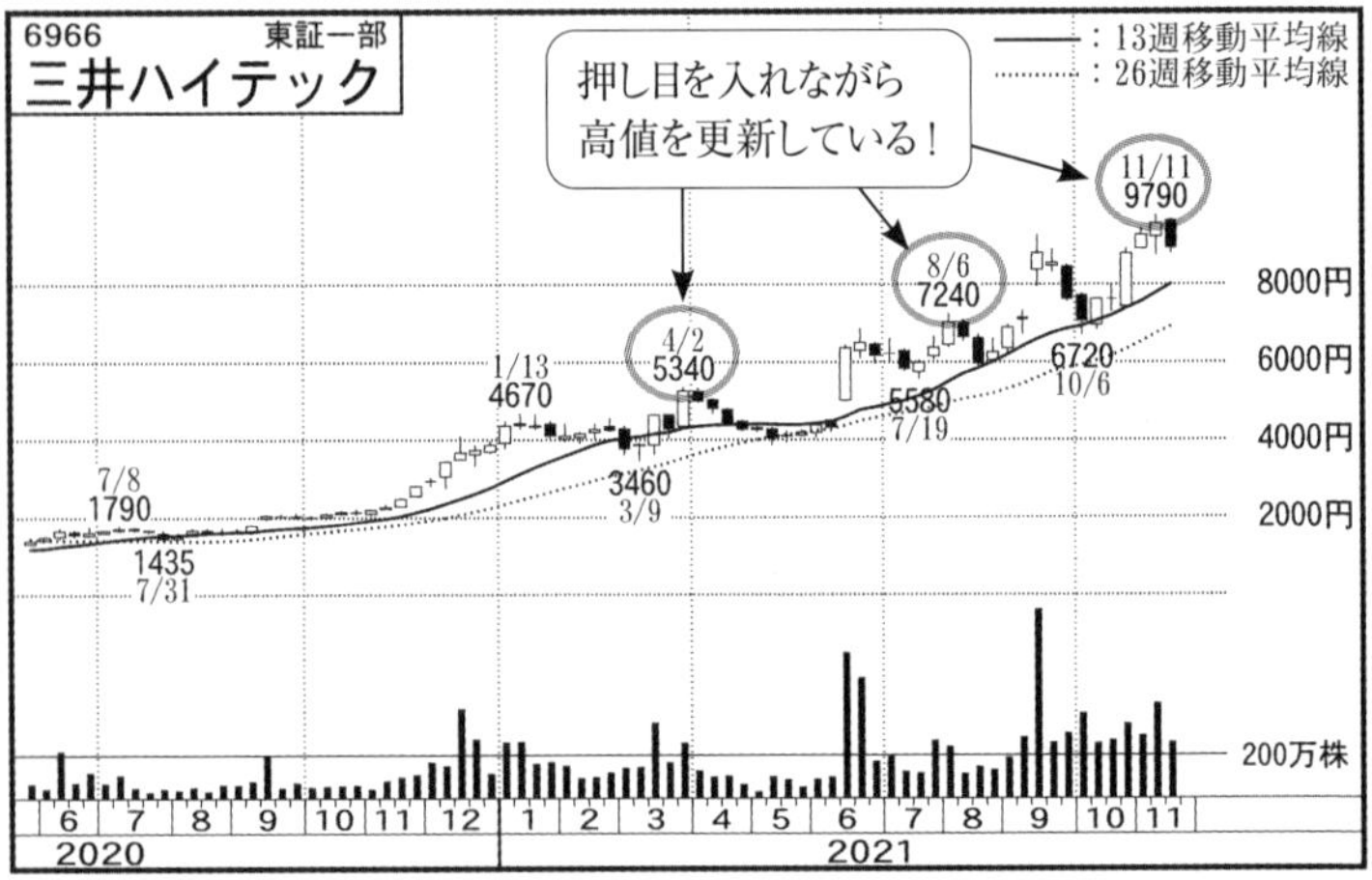

◈田中化学研究所、関東電化工業など有望企業が目白押し

有望な会社は、三井ハイテックのほかにも複数存在する。まず、電気自動車関連の2番手銘柄として注目したいのは、2次電池材料の大手メーカー、**田中化学研究所（4080）**である。**トヨタ自動車（7203）**は、2030年までに安全性の高い車載用電池の開発・生産に1兆5000億円を投資し、アメリカにはリチウムイオン電池の新工場を建設する。

EVについては中級車の「TOYOTA bzシリーズ」を投入、2030年には年間800万台の生産計画を公表している。時価総額1・2兆ドル（約135兆円）のアメリカ・テスラ（高級車が主力）を追う。

田中化学研究所は、リチウムイオン電池向け正極材を手がけている。この分野は超繁忙を続けている。業績も2022年3月期は大幅黒字に転換する。

このほか、2次電池電解質が好調な**関東電化工業（4047）**、車載用アルミ電解コンデンサーを手がける**ニッポン高度紙工業（3891）**、蓄電池の世界的メーカーである**ジーエス・ユアサコーポレーション（6674）**、リチウムイオン電池薄膜塗工装置の**ヒラノテクシード（6245）**なども期待できる。

●**リチウムイオン電池**
正極と負極を持ち、その間をリチウムイオンが移動することによって充放電を行なう電池のこと。使い切りのものは一次電池、繰り返し充放電ができるものは二次電池と呼ばれているが、いずれも大容量の電力を蓄えることができるため、ハイテク製品を中心に用途が拡大している。

新テーマ2

DX新時代が到来！年率3割増ペースのITコンサル市場

◈時代の潮流はグリーンシフトとデジタルシフト

世界的に時代の流れは、グリーンシフトとデジタルシフトの2つに向けられている。グリーンシフトは地球温暖化を防ぐために避けて通れないものであり、デジタルシフトは、人々の生活をあらゆる面でよくするためにITの進展・浸透が不可欠であることを意味する。

また、デジタルシフトはアナログで行なわれていたものをデジタルに変えていくことであり、今後はあらゆる企業にとって必要な取り組みとなる。

デジタルシフトのカギを握るのは、何といってもAI（人工知能）だろう。AIはあらゆる産業に浸透・融合してイノベーションの源泉となり、製品・サービスの付加価値を高めることに寄与する。

●グリーンシフト
脱炭素化のこと。現在、世界的な規模で脱炭素社会の実現が求められており、日本でも官民あげて温室効果ガスの排出量を減らす取り組みが行なわれるようになった。

●デジタルシフト
デジタル技術を社会に浸透させる動きのこと。これによって人々の生活、ビジネスを変革させようとする概念がDX（デジタルトランスフォーメーション）である。企業の成長戦略においても、DX化の進展は避けて通れないものとなっている。

◇ITコンサルの市場規模は5000億円に

日本でも２０２１年９月にデジタル庁が創設され、政府主導のデジタル化が進められようとしている。この背景には、スマート社会の到来がある。

ただし、あらゆる分野においてデジタルシフトを円滑に進めるためには、ＩＴ全般に関する支援、コンサルティングが必要となる。これは現在、ほとんどの企業においてＩＴ人材が不足していることによる。

ＩＴ専門調査会社ＩＤＣによると、日本のＩＴコンサルティングの市場規模は、２０２５年に４９８６億円に達すると予測されている。ホットな業界である。株価大化けの可能性を秘める関連銘柄を探ってみたい。

◉拡大するITコンサルティングの市場規模

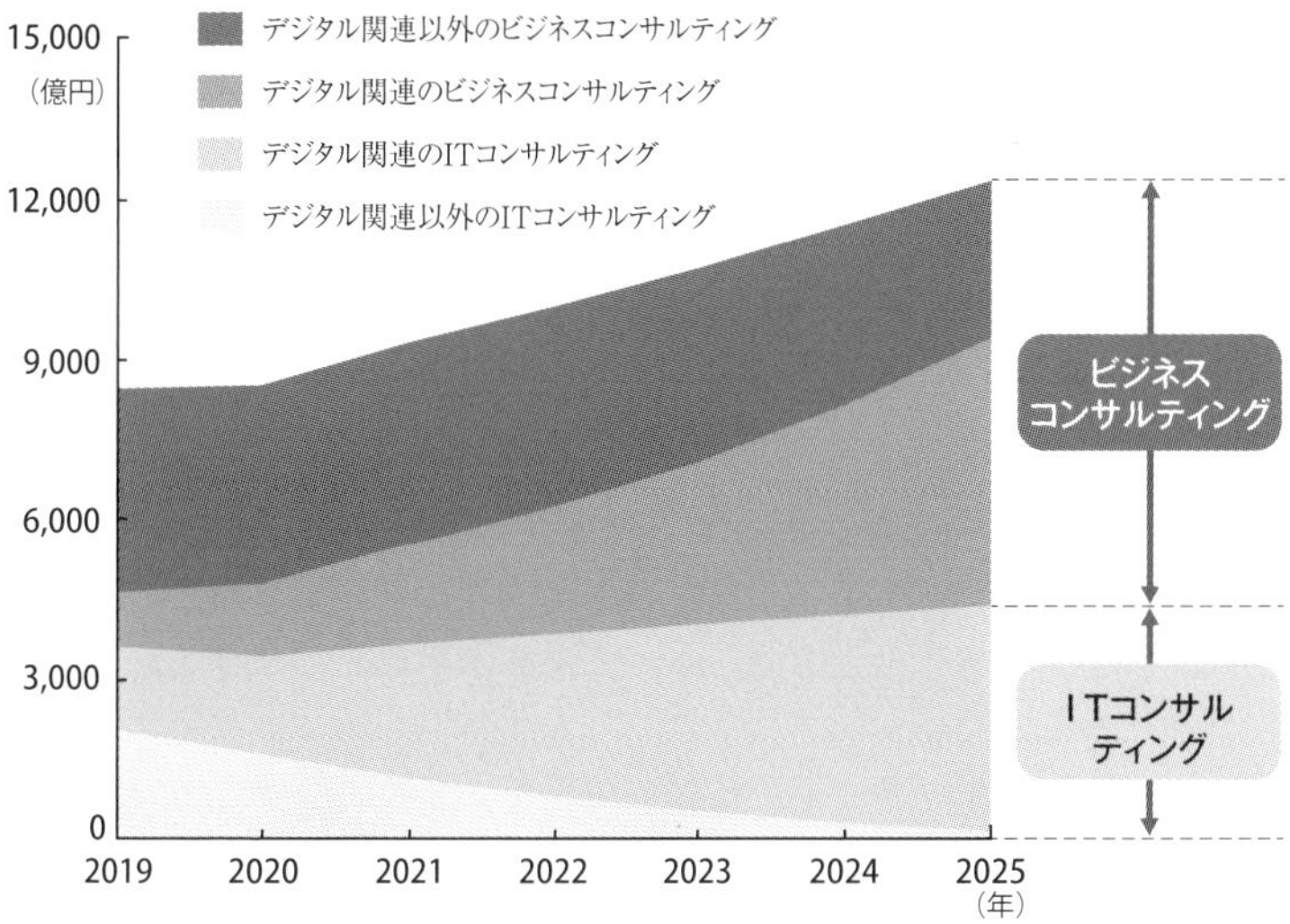

（出所）IDC

特注銘柄▼2

フューチャー（4722）

◇一般企業のIT人材不足を背景に需要急拡大

日本初のITコンサルティングファーム、フューチャーアーキテクトなどを傘下に持つ持ち株会社である。1989年に創業した同社のコンセプトは、ITの知見をもとに経営戦略とIT戦略を両輪で捉えることにあり、これをもとに基幹システムの開発などを行なう。

また、同社では最新のテクノロジーを駆使したITイノベーションを通して、顧客企業の将来に新たな価値を創造することを使命としている。

このところ顧客企業のIT投資需要がDX（デジタルトランスフォーメーション）、業務システムなどを中心に急拡大しており、最先端のテクノロジーを操るプロ集団として、マーケットの注目度が増している。

●持ち株会社
投資目的ではなく、他の会社を支配する目的で対象会社の株式を保有する会社のこと。ホールディングカンパニーともいう。持ち株会社には、事業を行なわない純粋持ち株会社と自らも事業を営む事業持ち株会社がある。純粋持ち株会社は、子会社の配当が売上げとなる。

●ITイノベーション
情報技術によってもたらされる革新・革命的な状況のこと。今後も情報通信技術、最先端テクノロジーなどの発達・進化により、ビジネス、ライフスタイル両面において大きな変化が起きるといわれている。

◇ＤＸの受注増を背景に増収増益続く

業績は好調だ。２０２１年12月期は売上高が前期比９・５％増の４８５億円、純利益が44・９％増の55億円を見込んでいる。年間配当も、前期より６円多い46円とする計画である。

傘下の中核であるフューチャーアーキテクトは、アパレル業界向け基幹システムの開発などＤＸ案件の受注が好調、品質管理を強化したこともあって利益率が向上している。

同社には、主力のＩＴコンサルティング事業のほか、売上高構成比率が２割を占めるビジネスイノベーション事業もある。こちらはキャンプ、フィッシングなどのアウトドア需要が旺盛で増収増益が続いている。

◉フューチャーの事業とグループ企業

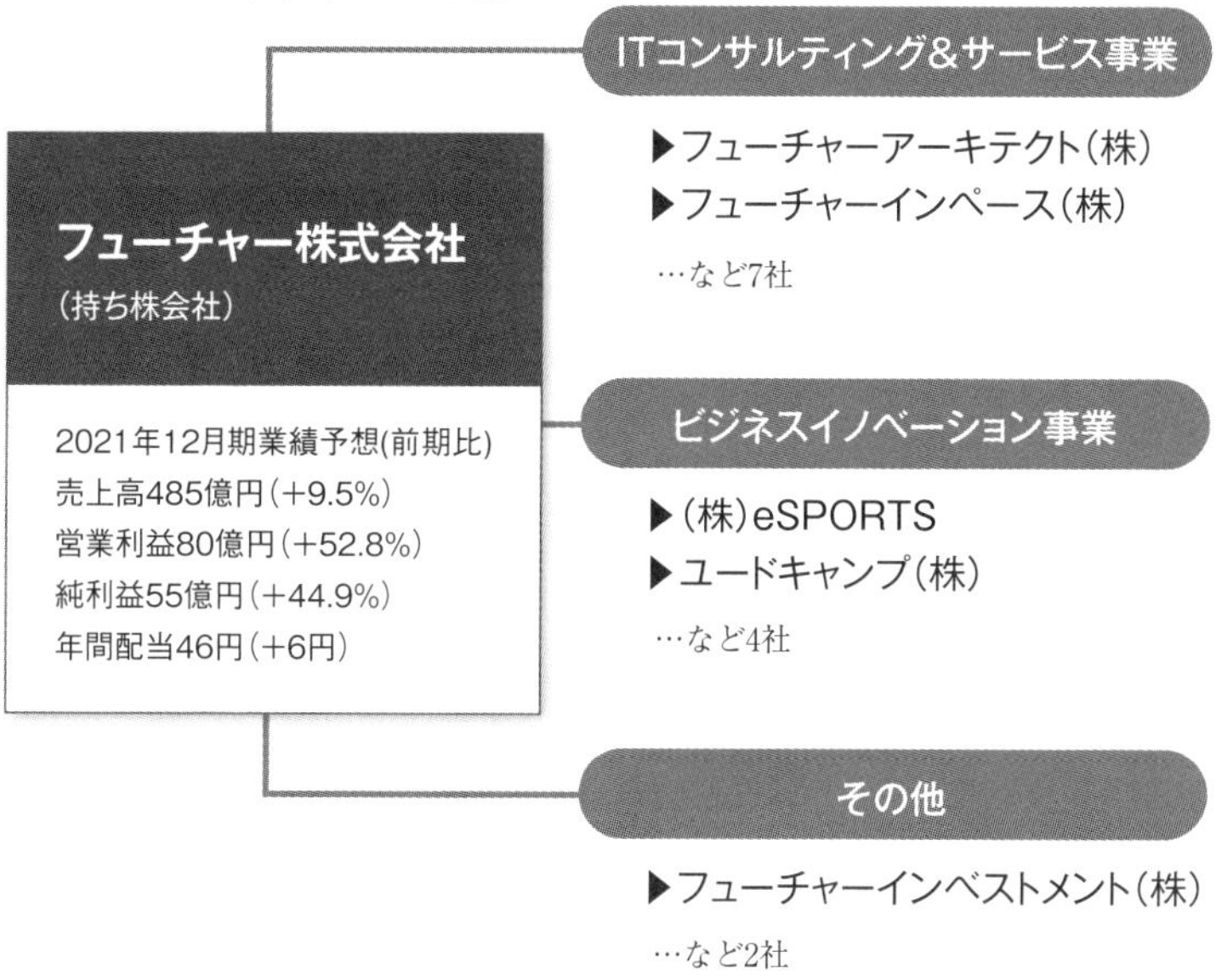

◈財務内容もよく株価は上場来高値を更新

2021年の株価は、年初の1764円が1月20日に1723円で底打ち。その後は7月30日の安値1828円まで、ほぼボックス圏での小動きに終始した。しかし、同日の大引け後、業績予想を上方修正したことをきっかけに上値追いの展開となっている。

8月2日に2034円で寄り付いた株価は、11月16日には4370円まで買われている。もちろん、これは上場来高値の更新であり、一段高が期待できる。

もう1つの強調材料は、良好な財務状況だ。40億円の資本金に対し、利益剰余金は266億円以上もある。有利子負債は皆無であり、自己資本比率は77%を超えている。

◉フューチャー(4722)の週足

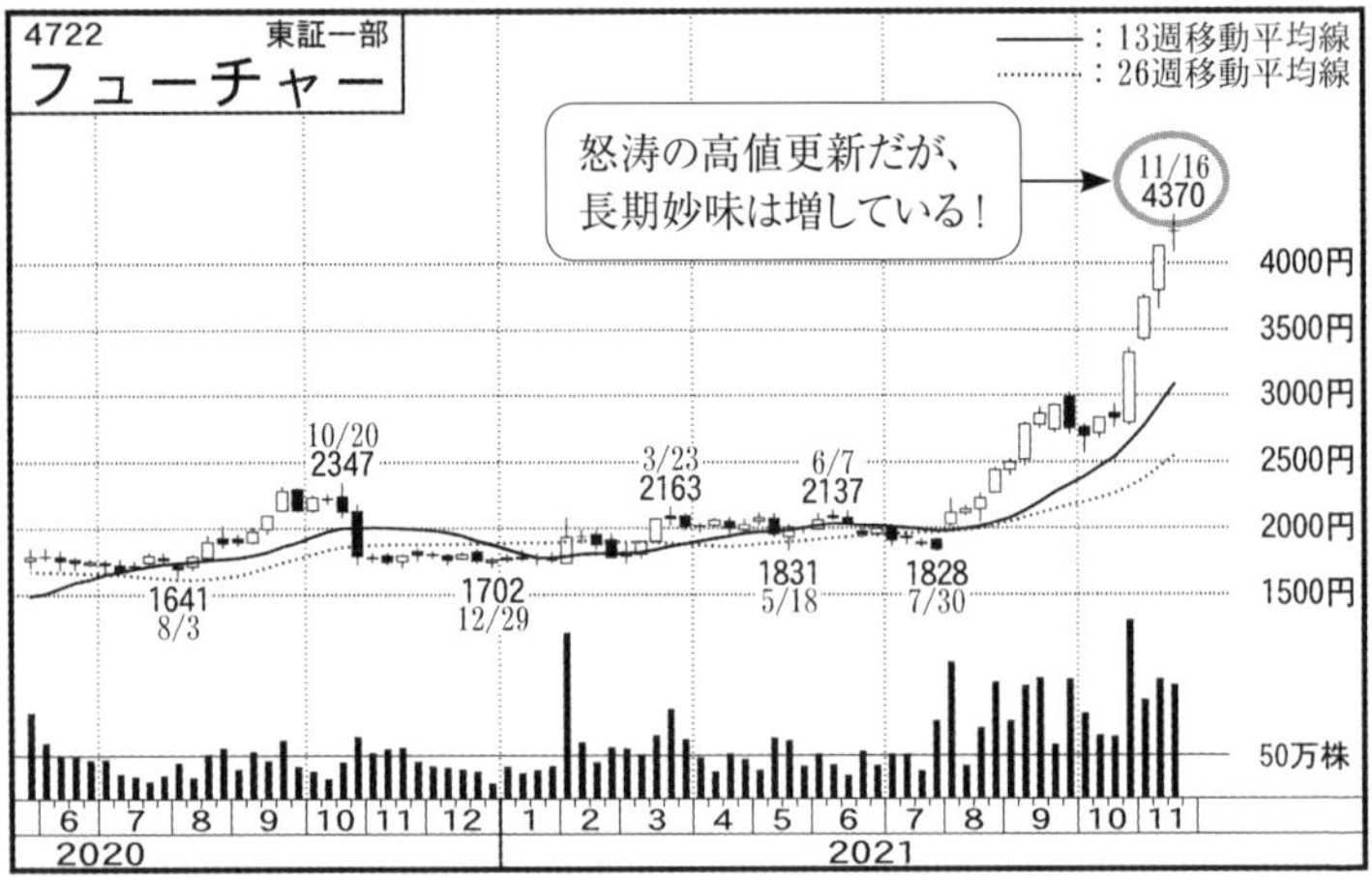

◈AI駆使のユーザーローカルも将来性有望

このほか、ビッグデータの解析を得意とする**ユーザーローカル（3984）**に注目できる。同社ではAIを駆使した業務支援開発を行なっているが、売上高のほぼ100％がクラウド部門である。2022年6月期の業績は20・0％増収、純利益は6億7900万円（前期比10・4％増）が見込まれている。

2021年の株価は、年初の2030円が4月20日に2590円まで買われた。しかし、直近は2000円を割り込んでいる。ただ、これ以上の下値は限定的であり、押し目買いの好機だろう。

ALBERT（3906）は先行きが楽しみだ。同社は、ディープラーニングを活用したビッグデータ解析などが伸びている。また、**SBIホールディングス（8473）**系という利点を生かし、**東京海上ホールディングス（8766）**、**KDDI（9433）**などと資本業務提携を行なっている点も評価できる。

下落基調にあった株価は、2021年8月18日の4160円で底打ち。DXの領域における日本総合研究所との協業発表を好感し、上向きに転じている。

●ビッグデータ
これまでの一般的な技術では、管理できないほどぼう大な量のデータのこと。ICT（情報通信技術）の進展に伴い、ビッグデータを分析することで将来予測、業務の効率化、新事業の創出などが可能となっている。

●クラウド
インターネット上において、ユーザーがインフラやソフトウェアを持たなくても、必要に応じてサービスを利用できる仕組みのこと。

●ディープラーニング
音声の認識、画像の特定など人間が普通に行なうことをコンピューターに学習させること。深層学習ともいう。

新テーマ3

需要急増で大注目！パワー半導体は「省エネの黒子」として急脚光

◇省エネ・省電力化に不可欠な電力の制御・変換

パワー半導体とは、電力の制御・変換を行なう半導体の総称である。パワーデバイスとも呼ばれる。高い電圧を必要とするモーターを回したり、直流と交流の変換、周波数を変えることができるため、大小さまざまな電力供給を必要とする場面でその必要性を増している。

主な用途は太陽光発電、鉄道、電気自動車といった産業機器だが、最近では一般家庭向けの機器にも多く使われている。需要は拡大の一途である。

パワー半導体には、発生する熱を効率よく外に逃がすことができるという利点がある。このため「省エネの黒子」ともいわれ、省エネ・省電力化が叫ばれている昨今、その需要が急増している。

●半導体
半導体は、電気を通しやすい「導体」と電気を通さない「絶縁体」の中間の性質を備えた素子（物質）のことで、電気を一方向に通したり（整流）、電気信号を大きくしたりする（増幅）ことができる。半導体を人間の身体に当てはめると、集積回路は電子機器の頭脳、パワー半導体は筋肉にたとえられる。

●デバイス
パソコンなど、それ単独で動作する情報端末と、それらに接続して使う周辺機器の総称。主に、パソコン内部の装置、周辺機器という意味で使われることが多い。

◈2030年の市場規模は4兆円との予測

株式市場でも、パワー半導体の市場規模拡大に期待が集まっている。富士経済（市場調査会社）の予測では、2030年の市場規模が2019年の2兆9141億円に対し、4兆2652億円に達するとしている。これは、46・4%もの大幅増である。

パワー半導体には高度な技術が必要とされる。このため参入企業は限られるが、モノづくり大国といわれる日本では、今後の市場規模拡大をにらみ、パワー半導体事業を成長戦略の中核に位置付ける企業も出てきた。

汎用半導体では韓国、台湾勢に負けているが、パワー半導体は強い。関連銘柄には、マーケットの熱い視線が向けられることだろう。

◉パワー半導体の用途と使用例

用途	使用例
モーターを回す	自動車 鉄道　…etc. 
直流→交流に変える 交流→直流に変える 電圧を変える 周波数を変える	太陽光インバーター 風力発電インバーター 溶接機インバーター …etc. 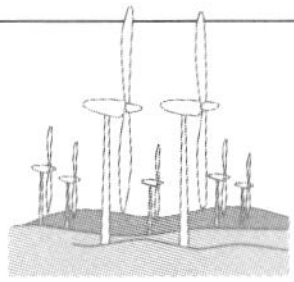
安定した電源を供給する	鉄道の補助電源 スイッチング電源 テレビ、エアコン　…etc. 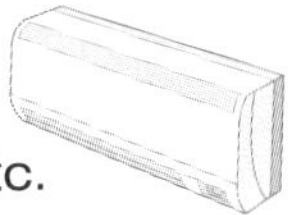

電力の制御・供給を行なうパワー半導体の市場規模は4兆円規模に拡大！

特注銘柄▼③

トレックス・セミコンダクター（6616）

◇半導体受託専業企業を子会社化し業容拡大

1995年に会社を設立して以来、国内唯一のアナログ電源IC専業メーカーとして製品開発を進めてきた。2016年には、半導体ウエハの製造委託先でもあったフェニテックセミコンダクターを子会社化している。この会社は国内唯一の半導体受託専業企業であるが、今後は両社の力を結集し、シナジー効果によって成長を加速させたいとしている。

トレックス・セミコンダクターの製品はモバイル機器、車載機器、医療機器などに幅広く使用されているが、今後は地球環境にやさしい超低消費電力、超小型化の製品づくりに注力するとしている。その目的は、脱炭素社会の実現に貢献することにある。

●アナログ電源IC
電子機器を動かすためには、それぞれの部品の電圧を制御する必要がある。この役目を担う半導体のIC（集積回路）がアナログ電源ICであり、人間の身体にたとえると心臓部分に相当する。これに対し、デジタル電源ICの代表格であるメモリは、人間の脳にたとえられる。

●半導体ウエハ
半導体物資（シリコン）の結晶によってつくられる円形の薄い板のことで、半導体集積回路（ICチップ）の材料となる。

◈事業環境好転で大幅増収増益を見込む

業績は、2020年3月期に減収減益となった。主に新型コロナウイルスの影響を受けたものだ。2021年3月期は売上高が前期比10・3％増の237億1200万円、純利益が2・2倍の9億3300万円と急回復に転じた。パワー半導体が伸びている。

2022年3月期は、一段と事業環境が改善していることから、売上高は前期比24・4％増の295億円、純利益は102・4％増の18億9000万円が見込まれている。

また、中期経営計画では、2026年3月期の営業利益率を11・4％に引き上げることが示されている。これは、2021年3月期の2倍強に相当する。

◉トレックス・セミコンダクターの営業利益目標

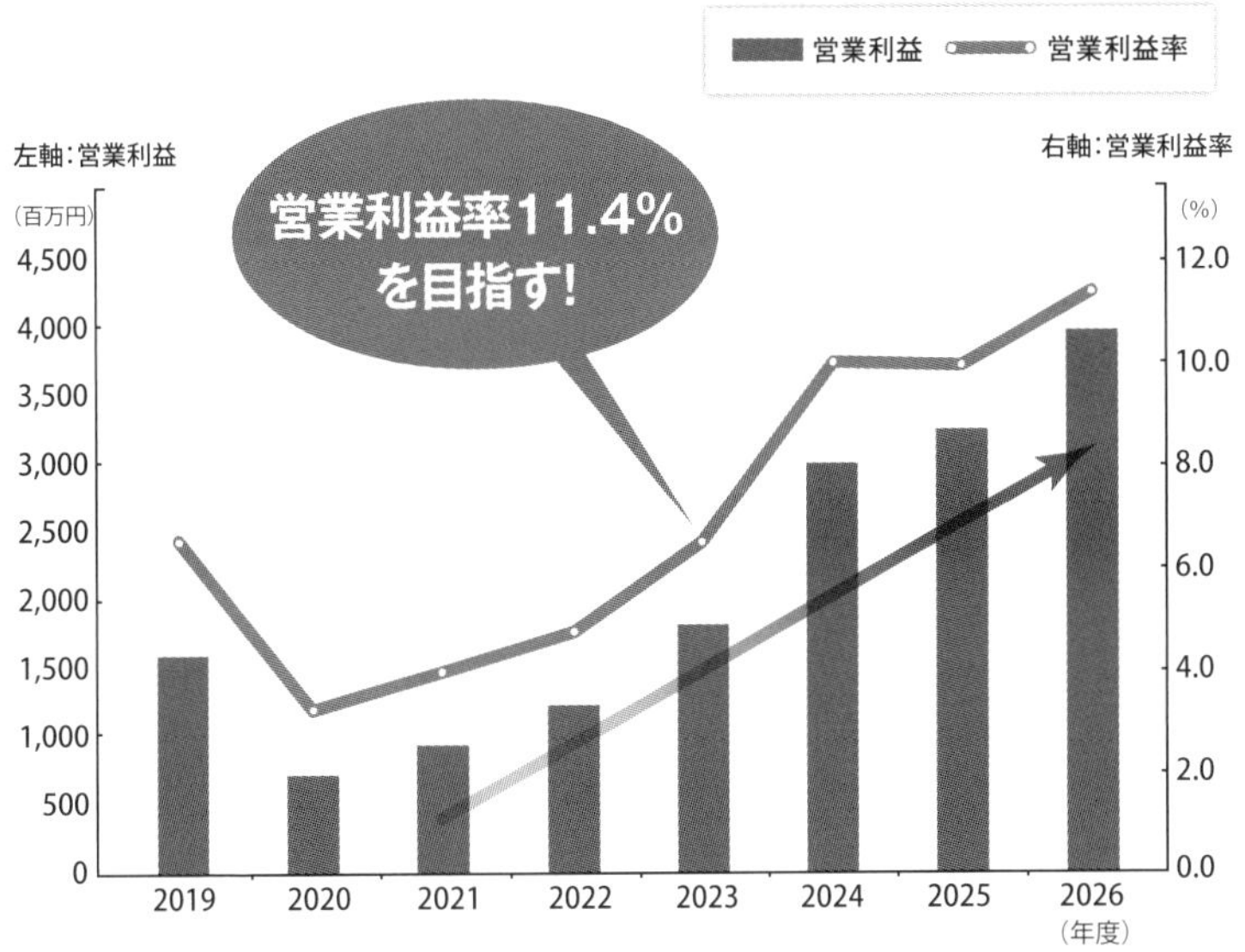

◇上場来高値を更新、上昇トレンド続く

株価は、事業環境の改善に伴う業績の好調さを評価し、上昇トレンドが継続している。２０２１年は、年初の１２８５円が底値となり、上値を切り上げる展開となっている。

値動きを見ると、４月19日の２０２２円↓６月３日の２３１２円と続き、７月14日には３３３０円まで買われた。これは２０１４年の11月につけた上場来高値を久々に更新したものであり、新たなステージに入ったと判断できる。

直近は、３８８０円近辺まで上げている。しかし、今期の１株利益は１７３円の予想だ。この水準のＰＥＲは22台倍と、グロース銘柄としては出遅れている。

◉トレックス・セミコンダクター（6616）の週足

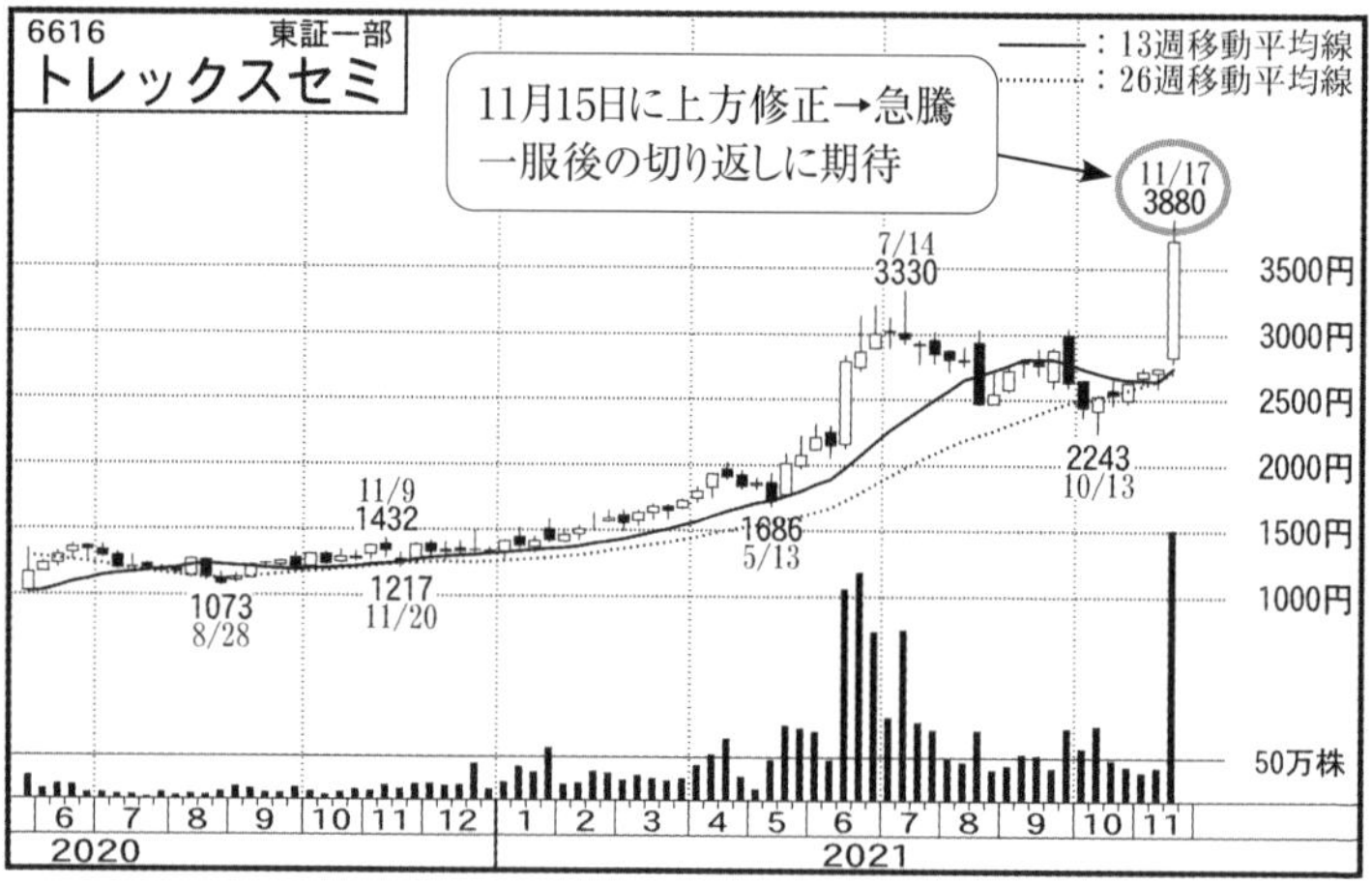

◈三社電機製作所、富士電機のパワー半導体事業にも期待

このほか、**三社電機製作所（6882）**にも注目できる。同社は電源機器とパワー半導体の生産を手がけており、売上高構成比率は約7対3の比率だ。この電源機器技術とパワー半導体技術の融合が同社の強みであり、その独自性は他の追随を許さない。**パナソニック（6752）**が大株主である。

業績も2022年3月期は、増収増益が見込まれている。株価は、年初安値の772円が6月28日には1222円まで買われた（上昇率58・3％）。直近は1000～1100円中心の動きだが、下値は拾える。

大手どころでは、**富士電機（6504）**も押さえておきたい。同社はパワー半導体に強みを持つ重電大手だ。自動販売機なども手がけている。今期は、半導体分野が電気自動車向けなどの需要拡大を受け、増収増益となる。

2021年の株価は、年初の3650円を安値にジリ高が続き、6月7日には5380円の高値をつけた。その後もみ合いとなったが、10月28日の業績上方修正によって11月19日には6080円と高値を更新している。非接触型の自動販売機を開発したことも、今後の株価支援材料となり得る。

●ジリ高
株価が少しずつ、ジリジリと高くなること。これとは逆に、ジリジリと安くなることをジリ安、またはジリ貧という。

●もみ合い
株価が一定の価格帯（レンジ）のなかで上昇と下落を繰り返し、相場の方向性が定まらない状況のこと。売り手と買い手の均衡状態が続くことで起こる。もみ合いの後、上か下に株価が大きく動き出すことを「もみ合い放れ」という。

新テーマ4

グリーン革命の救世主！脚光浴びる水素＆アンモニア

◇脱・化石燃料の主役に浮上した代替エネルギー

地球温暖化を防ぐために、脱炭素社会の実現が求められている。先にも述べたが、こうしたグリーン革命を進めるには、二酸化炭素などの温暖化ガスを減らす必要があり、石油・石炭といった化石燃料に依存しないことが条件となる。

しかし、現在の日本は資源小国であり、いまだに二酸化炭素を大量に排出する石油・石炭火力発電に多くを依存している。残念ながら、太陽光、風力、バイオマスなどの再生可能エネルギーの活用は不十分だ。

そこで石油・石炭の代替燃料として注目され始めたのが、グリーンエネルギーの象徴的な存在となった水素、燃焼時に二酸化炭素を出さないアンモニア（混焼発電）である。

●グリーン革命
再生可能エネルギーを中心とした、新しい社会を構築するためのエネルギー革命のこと。この革命は、現在の化石燃料に依存した社会システムを変革することであり、日本でも、政府が自然の恵みの最大活用（太陽光・風力発電等）など、5分野をグリーン政策大綱として策定している。

◈アンモニアは発電コストも安く普及必至

アンモニアは、主に工業製品、農業用肥料として広く使われており、生産・輸送体制が整っている。加えて、アンモニアはコストが安くつくという利点もある。１キロワット当たりの発電価格を比較すると、水素が97・３円であるのに対し、アンモニアは23・５円で済むとの試算もある。

いずれにしても、日本が２０５０年にカーボンニュートラルを実現するためには、水素とアンモニアの利用は必要不可欠であり、将来的にその市場規模は１兆円との試算もある。それを先取りする形で関連銘柄には株価が急騰するものも出ており、今後も熱い視線が向けられるだろう。

◉燃料アンモニア導入官民協議会の「中間取りまとめ概要」

日本国内の年間アンモニア消費量108万トン（2019年）
→2030年に年間300万トン（水素換算で約50万トン） →2050年に年間3000万トン（水素換算で約500万トン） のアンモニア需要を想定
2050年には、アンモニア火力(専焼)の実用化により、電力部門の5割の二酸化炭素排出を削減
→世界全体で1億トン規模の日本企業によるサプライチェーンを構築

（出所）資源エネルギー庁

特注銘柄▼4

東亜ディーケーケー（6848）

◇再生エネルギー事業に注力する計測機器の最大手

環境保全に取り組む総合計測機器のトップメーカーである。水・大気・医療・ガスの計測技術をベースとして、ライフサイエンス事業、再生エネルギー事業などにも力を入れており、最近は世界的な環境保全意識の高まりが追い風となっている。

特に、再生エネルギー事業では、水素製造プラント・水素発電ほか、アンモニア発電、バイオマス発電など、脱炭素に必要な製品を独自技術によって提供している。計測機器は重要なツールだろう。

同社では、この事業分野の製品を「グリーン成長戦略関連製品」としており、今後、大きく伸びる余地を残している。

●水素発電

水素を燃料に用いた発電のこと。この方法としては、①ガスタービンの燃料として水素を用いるもの、②蒸気タービン用のボイラーの燃料として水素を用いるもの、③燃料電池を用いるものなどが考えられている。

●アンモニア発電

アンモニアを燃料に用いた発電のこと。日本では、石炭火力発電所の燃料としてアンモニアを利用できる燃焼技術の実用化に成功しており、二酸化炭素の削減効果が期待されている。

◈輸出は中国向けの環境用製品が伸びる

業績は、官公庁向けの売上げが安定しているため、堅調に推移している。コロナ禍の2021年3月期も、純利益は増益を確保した。直近の決算（2022年3月期第2四半期）でも、中国向けの環境用水質分析計などが大きく伸び、増収増益が続いている。

2022年3月期は、売上高が前期比4・4％増の167億円、営業利益が8％増の20億円、純利益は4・8％増の14億4000万円と予想されている。

年間配当は17円と変わりがない。しかし、利益剰余金が137億円以上ある（有利子負債は5億円弱）ため、今後、大幅な増配などに踏み切る可能性もある。

◉東亜ディーケーケーの分野別売上高構成比（2020年度）

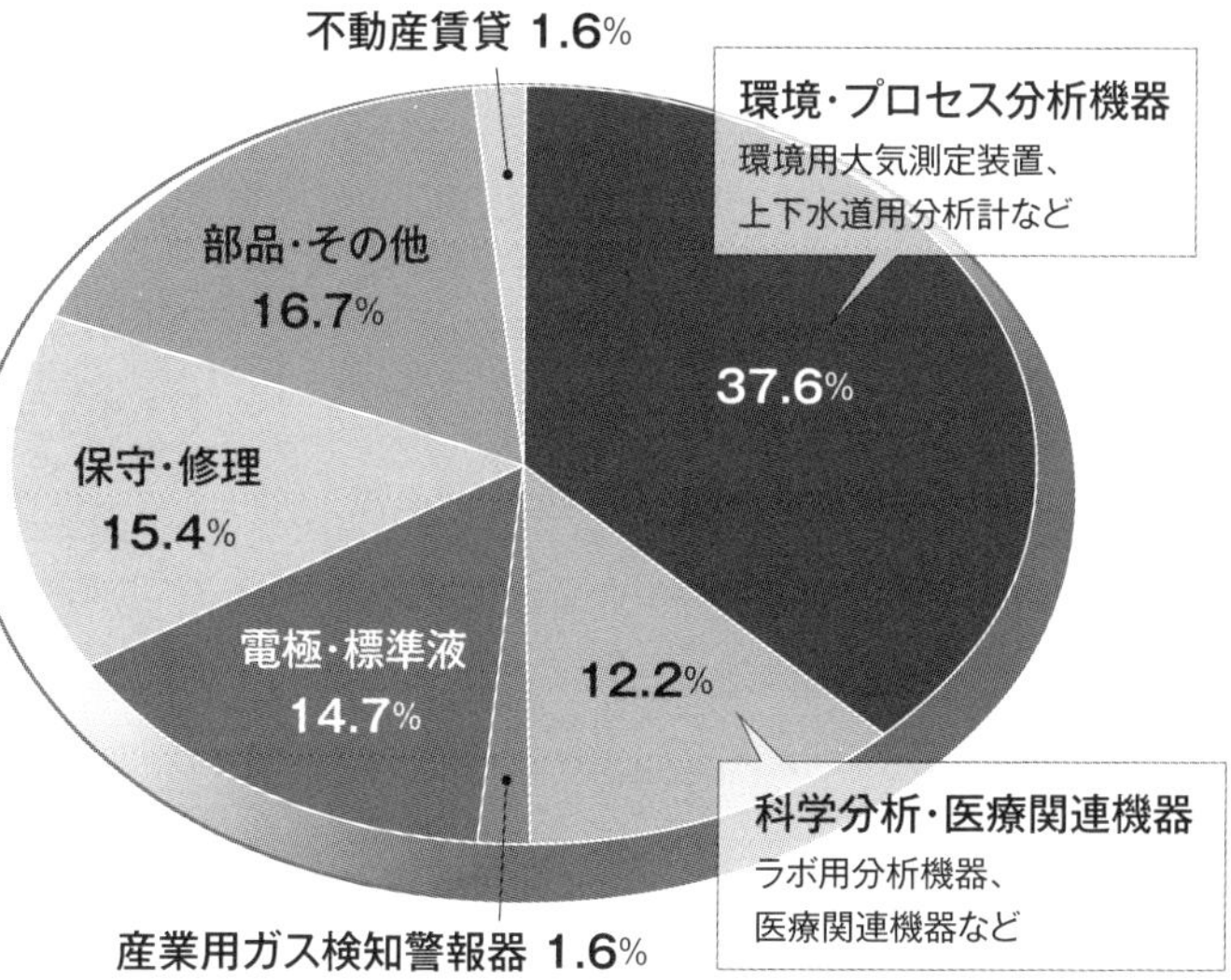

◈ボックス上放れで4ケタ相場入り有望

848円でスタートした2021年の株価は、移動平均線に頭を押さえられる形で長らくボックス圏での小動きが続いた。この点、日経平均株価とはまったく異なる展開であったが、7月19日の安値788円を底に相場つきが一変する。

8月に入ってジリ高となった株価は、9月6日の終値でそれまで（3月19日）の高値866円を上抜いた。これでボックス上放れが明確となり、9月21日には1022円まで急伸する。直近は860円近辺まで押し戻されているが、13週移動平均線は26週移動平均線を下回っていない。下値不安は薄く、4ケタ台回復が期待できる。

◉東亜ディーケーケー（6848）の週足

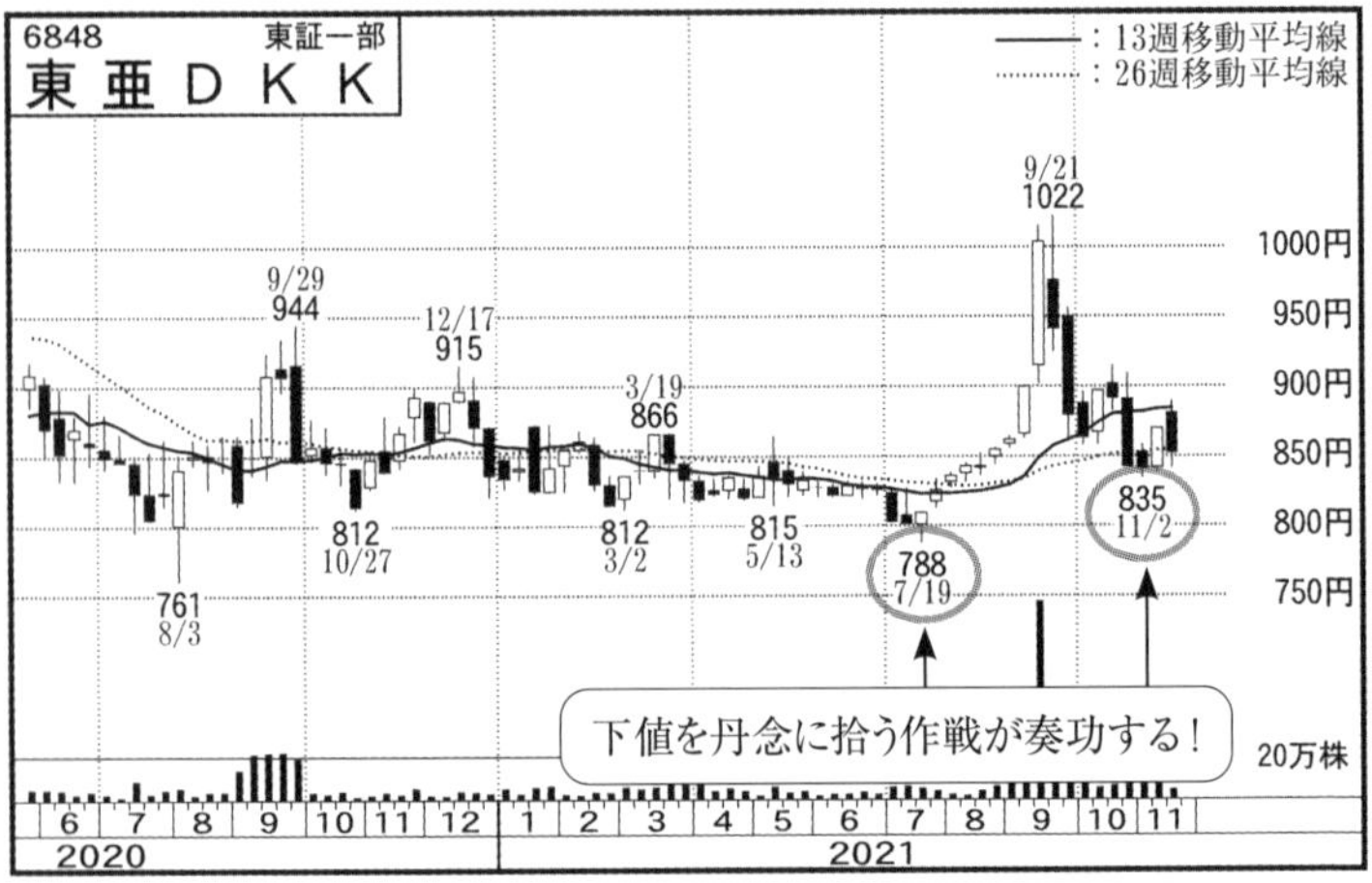

◈伊藤忠エネクス、山王は割安顕著

これに続く関連銘柄としては、**伊藤忠エネクス（８１３３）**がある。同社は、社名が示すとおり、**伊藤忠商事（８００１）**が発行済み株式数の52・1％を保有している。現在、エネルギー商社の最大手として親会社と連携し、アンモニア燃料船の燃料供給網づくりを進めている。

２０２２年３月期の業績は、売上高が前期比８・２％増の８０００億円、純利益が２・７％増の１２５億円と堅調に推移しており、１株利益は１１０円強が見込まれている。直近の株価は１０００円近辺であり、予想ＰＥＲは９倍前後と割安が目立っている。

もう１つ、ジャスダックの**山王（３４４１）**にも注目しておきたい。同社は、電子機器用部品のメッキ加工を手がけているが、水素の精製に必要とされる水素透過膜の開発に成功しており、テーマ性を内包している。

株価は１８００円近辺だが、２０２０年の12月には２１５５円まで買われている。時折、急伸する株価習性がある。これは魅力だ。したがって、上値余地はまだ残されていると思う。

●アンモニア燃料船
アンモニアを燃料に用いた船舶のこと。日本では、船が排出する温室効果ガスを２０５０年までに実質ゼロとすることを目指している。これに即し、海運大手の日本郵船などでつくるグループは、燃やしても二酸化炭素を出さないアンモニアを燃料とした船の開発に乗り出している。

●水素透過膜
水素だけを透過する特殊な金属膜のこと。山王では、簡易な設備で水素製造が可能となる、パラジウム合金を使った水素透過膜の低価格化に取り組んでいる。

新テーマ5

ワクチンのお役目終了!? 開発進む経口のコロナ治療薬

◇ウィズコロナに不可欠な新型コロナ治療の飲み薬

日本の新型コロナウイルス新規感染者は、2021年8月には1日当たり平均で2万5000人を突破した。これにより、入院したくても在宅療養を余儀なくされ、自宅で死亡するケースも相次いだ。この結果、菅政権は国民の支持を失い、退陣に追い込まれた。コロナによる突然の退陣劇ではないか。

しかし、秋になるとワクチン接種の効果が顕著に表れ始め、新規感染者は急減した。希望者のワクチン接種完了後は、いよいよコロナ治療薬の出番となる。2022年は、経済との両立をはかる「ウィズコロナ」が本格化すると期待されている。しかし、それを可能にするには、安価、かつ経口のコロナ治療薬の普及が必要となろう。

●ワクチン接種

日本で新型コロナウイルスのワクチン接種が開始されたのは、2021年2月17日のこと。当初は医療従事者を対象に行なわれたが、2021年11月21日時点でワクチンを1回以上接種した人は全人口の79・1%、必要回数のワクチン接種を完了した人は、76・7%となっている。

◇創薬の国で生産に寄与する関連銘柄

コロナ治療薬の開発については、アメリカのファイザー社、メルク社が先行しており、同国のＦＤＡ（食品医薬品局）に対し、使用許可の申請が行なわれている。

日本でも、**塩野義製薬（４５０７）**が新型コロナウイルス感染症の飲み薬について、早期の承認申請を目指している。同社については第４章で詳述するが、２０２２年３月までに国内で１００万人分の飲み薬を生産する計画だという。

新型コロナの飲み薬は、素早い治療、自宅での治療を可能にし、重症化リスクを抑えることができる。もとより日本は「創薬の国」であり、関連銘柄には意外高の夢が広がる。

●日本で開発中の主な新型コロナウイルス治療薬

（2021年10月1日現在）

成分名（販売名）	開発企業	分類	開発対象
ファビピラビル（アビガン錠剤）	富士フイルム富山化学	抗ウイルス薬	軽症～中等症Ⅰ
AT-527	中外製薬	抗ウイルス薬	軽症～中等症Ⅰ
S-217622	塩野義製薬	抗ウイルス薬	無症状、軽症
イベルメクチン	興和	抗ウイルス薬	軽症～中等症Ⅰ
トシリズマブ	中外製薬	抗炎症薬	中等症Ⅱ～重症

（出所）厚生労働省

特注銘柄▼5

広栄化学（4367）

◇新型コロナ治療薬向け原材料の開発実績を評価

住友化学（4005）が発行済み株式数の55・7％を保有する老舗の化学メーカーである。窒素化合物、ファイン化合物を得意とする同社では、年に150を超える製品を手がけているが、新型コロナウイルス感染症の治療薬として期待される薬剤の原材料、ピロールとピリジンなども生産しており、その技術レベルは極めて高い。だからこそ、内外の医薬品企業が採用しているのだろう。

ピロールは、アメリカのギリアド・サイエンシズ社が開発したレムデシビルの骨格をつくる原材料、ピリジンは富士フイルム富山化学が開発したアビガンの原材料として使用されている。これらの原材料は、今後開発される新型コロナ治療薬に使われる可能性が高く、目が離せない。

●**窒素化合物**
窒素化合物には、無機化合物のアンモニアや硝酸、有機化合物のニトロ化合物まで多くの種類がある。広栄化学は、創業時に医療業界向けの酢酸製造を始め、現在では窒素化合物のリーディングカンパニーといわれている。

●**富士フイルム富山化学**
富士フイルムホールディングス（4901）の100％子会社。2018年10月、1968年設立の富山化学が富士フイルムRIファーマと経営統合して誕生した。2021年11月現在、新型コロナウイルス感染症の治療薬として、ファビピラビル（アビガン錠剤）の第3相臨床試験を行なっている。

◇コスト減が課題も来期業績は急回復予想

同社の創業は1917年と古く、2017年に創業100周年を迎えている。2021年3月期の売上高は175億8900万円、営業利益は14億8400万円、純利益は18億5100万円で決着した。「不況に強い」体質である。

2022年3月期は、売上高が前期比6・2%減の165億円、営業利益が66・3%減の5億円、純利益が51・4%減の9億円と減収減益が予想されている。これはアジア向けの需要が減少したことに加え、原材料費の上昇、プラントの定期修理によるコスト増などによる。これは一過性の要因であり、来期は急回復が見込まれている。

◉広栄化学の100年の間に蓄積された技術力

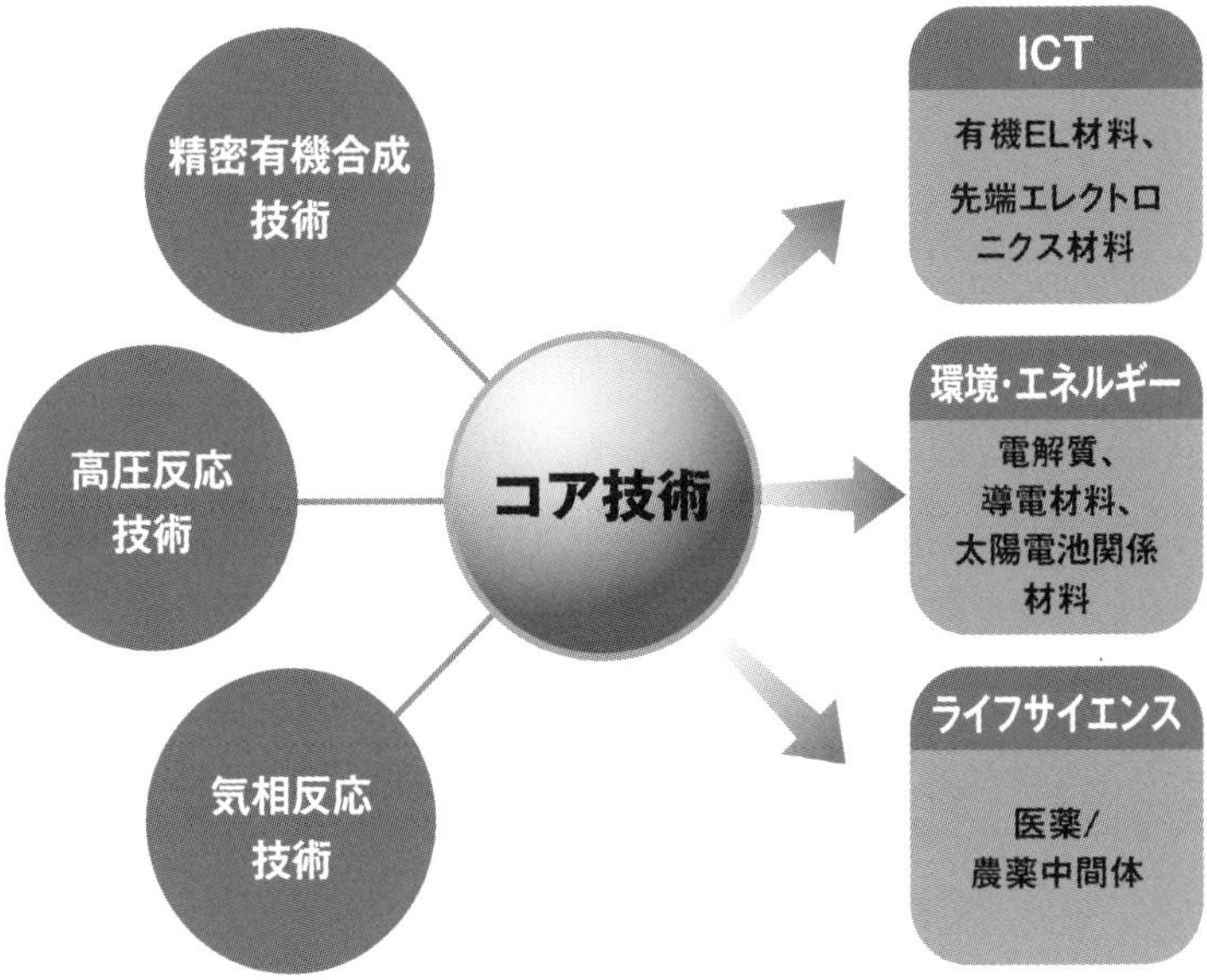

◈思惑材料もあり株価急騰劇に期待

株価は、2021年の始値2930円が1月27日に3255円まで買われた（上昇率11・1％）。しかし、その後は下げに転じ、8月3日には2480円まで売られている（下落率23・8％）。ただ、今期の年間配当は100円が予想されており、直近の2500円近辺は、利回り4・0％になる。したがって、下値は限定的だろう。

好材料含みのため、株価は急騰劇を演じやすい。実際、2020年の5月には、3月末の安値1394円が4780円まで買われている（上昇率242・9％）。また、**田岡化学工業（4113）**などとともに、住友化学の子会社再編という思惑材料もある。

●広栄化学（4367）の週足

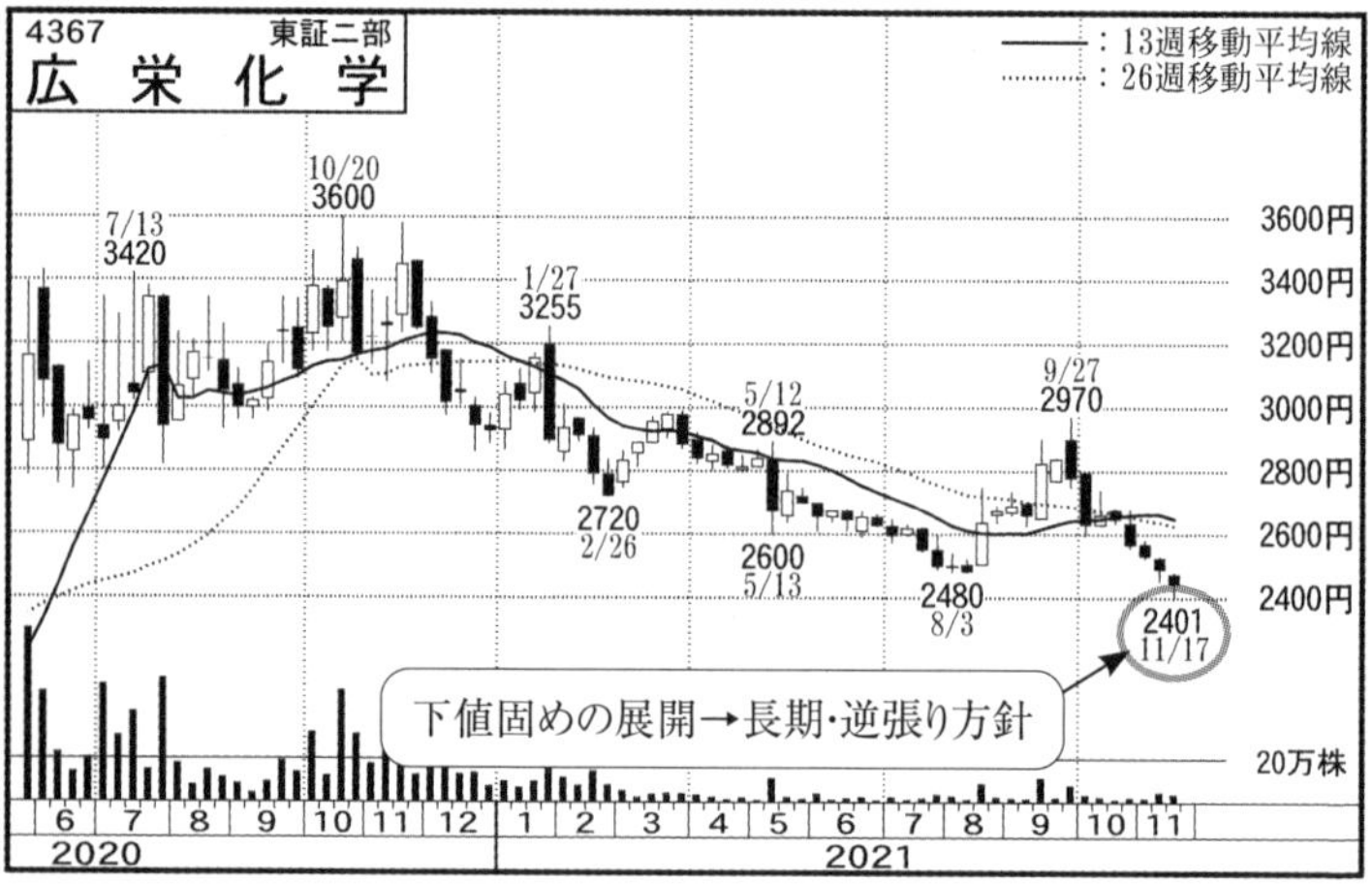

◈吸入型治療薬を開発中の日本新薬も有望

また、**日本新薬（４５１６）**は、吸入型の新型コロナウイルス治療薬を開発している。この吸入剤は２０２２年に治験が始まる計画で、実現すれば新型コロナの軽症状者が自宅で服用することが可能となる。

２０２２年３月期の業績は、売上高が前期比10・８％増の１３５０億円、純利益は１・４％増の２１０億円と予想されている。配当は４円増の１０３円が計画されており、無借金経営である点も評価されてよい。京都の名門企業である。

株価は、堅調な業績を背景に上昇トレンドが継続している。２０２１年は年初の６７３０円が９月27日には９８４０円まで買われており（上昇率46・2％）、中・長期的な妙味が増してきた。仕手的な妙味もある。

このほか、後発医薬品メーカーの**富士製薬工業（４５５４）**は、厚生労働省が新型コロナウイルス感染症の治療薬として認定した抗炎症薬、デキサメタゾンを手がけており、思惑含みのテーマ株として注目できる。株価は、１１００円近辺で底ばっているが値動きの軽さが魅力である。

●日本新薬

京都府京都市に本社を置く、1919年創立の医薬品・機能食品メーカー。医薬品事業では泌尿器科、血液内科、難病・希少疾患、婦人科の4領域に注力しており、主力製品には排尿障害改善剤ザルティアなどがある。

●富士製薬工業

1965年に設立され、女性医療と造影剤に強みを持つ。中期経営計画では、2029年9月期の売上高を前期比約3倍の1000億円、このうち女性医療分野を前期比245億増の350億円にする計画を打ち出している。

コラム 4

「新庄効果」で日本ハムの株価が逆行高！

2021年の11月4日、プロ野球・日本ハムファイターズの新しい監督に就任した新庄剛志氏が記者会見を行なった。この模様はその後テレビ各局で詳しく報道され、翌日の新聞各紙も大きく取り上げた。これは人気低迷気味のプロ野球、しかもパ・リーグで3年連続5位というチームの監督就任会見としては、まさに異例の出来事である。

しかし、前代未聞ともいえる記者会見をご覧になった人の多くは、この扱いに納得されたのではないか。大きな襟の立ったシャツの上に派手なエンジ色のスーツを着て登場した新庄氏は、「これからは（自分の）顔を変えずにチームを変える」「優勝なんか、いっさい目指しません」などと語り、強烈なインパクトを与えたのだ。

これまで、顔の整形手術に3,000万円以上を費やしたとも伝えられている新庄氏は、これをネタにしながら「高い目標を持ちすぎるとうまくいかない。1日1日地味な練習を積み重ね、9月あたりに優勝争いをしていたらいい」とも述べている。

まさに〝新庄劇場〟が展開されたわけだが、監督（本人が希望する呼称はビッグボス）就任に伴う経済効果は54億円との見方もある。翌5日、球団の親会社である**日本ハム（2282）**の株価は、前日比35円高の4,030円で寄り付き、4,100円の高値引けとなった。始値→終値の上昇率は1.7％だ。この日、日経平均株価は2万9,840円→2万9,611円と0.8％下げている。したがって、日本ハムは逆行高したことになる。

このことは大手メディアでまったく報じられなかったようだが、このほかのプロ野球関連としては、**オリックス（8591）**の株価も25年ぶりにパ・リーグの優勝を果たした翌日（2021年10月28日）の始値2,232.5円が11月12日に2,382.5円まで買われている(上昇率6.7％)。

第2部　銘柄発掘・分析編

時代が変われば株価も変わる!

[第4章]

杉村富生の株価「一刀両断」

時価総額の大きさが示す主力大型株の実像
日本経済を支える王道銘柄はここまで買える！

◈株主多く全般相場にも影響を与える27銘柄の上値メド

前の章では、時代が求める新しいテーマに関係の深い妙味株に照準を当てた。このような銘柄は時価総額が小さいため値動きが軽く、思惑的な買いが加われば短期急騰もあり得るのが魅力である。

これに対し、この章では日々の売買代金が大きく、時価総額が所属する業種のなかではトップクラスの銘柄について考えてみたいと思う。これらはすべて日本を代表する主力大型株であり、多くの株主が存在する。内外の機関投資家のコア（中核）銘柄でもある。このため、その株価動向は経済・社会に大きな影響を与える。

筆者は、このような主力大型株を「王道銘柄」と呼んでいる。これらの銘柄の多くは日経平均株価採用銘柄であるため、全般相場の浮沈も左右する。独自の観点により、2022年の上値メドを探ってみた。

◉主力27銘柄の上値の予測（2022年）

コード	銘柄（業種）	業績	直近値（円）	上値メド（円）	上昇率（%）
1801	大成建設（建設）	×	3,580	4,580	27.9
2212	山崎製パン（食料品）	◎	1,609	2,370	47.3
3099	三越伊勢丹ホールディングス（小売業）	黒転	813	1,150	41.4
4063	**信越化学工業**（化学）	◎	**20,235**	**24,500**	**21.1**
4507	**塩野義製薬**（医薬品）	×	**7,868**	**8,790**	**11.7**
4661	オリエンタルランド（サービス）	△	19,230	24,600	27.9
5108	ブリヂストン（ゴム製品）	黒転	4,907	6,600	34.5
5401	**日本製鉄**（鉄鋼）	黒転	**1,842.5**	**2,890**	**56.9**
5711	三菱マテリアル（非鉄金属）	◎	2,056	3,230	57.1
6098	**リクルートホールディングス**（サービス）	◎	**7,593**	**9,460**	**24.6**
6301	**コマツ**（機械）	◎	**2,918**	**3,540**	**21.3**
6594	**日本電産**（電気機器）	◎	**13,460**	**15,200**	**12.9**
6758	ソニーグループ（電気機器）	×	14,345	15,700	9.4
6981	村田製作所（電気機器）	○	8,951	10,800	20.7
7203	**トヨタ自動車**（輸送用機器）	○	**2,132.5**	**3,000**	**40.7**
7741	HOYA（精密機器）	―	18,965	22,800	20.2
8031	**三井物産**（卸売業）	◎	**2,698.5**	**3,180**	**17.8**
8035	東京エレクトロン（電気機器）	◎	62,820	75,300	19.9
8306	**三菱UFJフィナンシャル・グループ**（銀行）	―	**637.2**	**850**	**33.4**
8604	**野村ホールディングス**（証券）	―	**489.6**	**720**	**47.1**
8766	**東京海上ホールディングス**（保険）	◎	**5,910**	**6,900**	**16.8**
8801	三井不動産（不動産業）	◎	2,540.5	2,740	7.8
9020	**東日本旅客鉄道**（陸運）	☆	**7,018**	**8,600**	**22.5**
9201	**日本航空**（空運）	☆	**2,388**	**3,160**	**32.3**
9433	KDDI（情報・通信）	△	3,410	3,990	17.0
9501	**東京電力ホールディングス**（電気・ガス）	赤転	**307**	**355**	**15.6**
9984	**ソフトバンクグループ**（情報・通信）	―	**6,856**	**10,700**	**56.1**

（注）掲載はコード順。業績は今期純利益の予想増益率が20%以上=◎、10%以上20%未満=○、0.1%以上10%未満=△、減益=×、黒字転換=黒転、赤字転落=赤転、赤字幅縮小=☆、開示せず=－として表示した。また、直近値は2021年11月19日終値時点の株価。ゴチック表示の銘柄は、次ページ以降に詳述解説

王道銘柄 1

信越化学工業（4063）

半導体シリコンの世界トップメーカー

◇主力の塩化ビニル樹脂もフル操業が続く

塩化ビニル樹脂のほか、ＩｏＴ、ＡＩなど高度情報化社会に欠かせない半導体シリコンでは世界のトップシェアを誇る。経営的には多面的なアプローチによって世界一になることと、高収益を実現することを目指している。アメリカの塩ビ事業は絶好調である。

塩化ビニル樹脂は、世界的な需要の伸びに支えられ、製品価格が上昇している。半導体シリコンも、自動車向けを中心に全方位で受注が拡大し、フル操業が続いている。２０２２年3月期は2ケタ増収を背景に、純利益が23・６％増と大幅増益が見込まれている。

２０２１年の株価は、年初の１万８２００円が9月14日に2万１４８０円まで買われた（上昇率18・０％）。上場来高値の更新が続いており、下値不安は薄い。２０２２年は2万４５００円程度が期待できるだろう。

◉信越化学工業の業績推移

	2020年3月期	2021年3月期	2022年3月期
売上高	1,543,525 （▲3.2%）	1,496,906 （▲3.0%）	1,700,000 （＋13.6%）
純利益	314,027 （＋1.6%）	293,732 （▲6.5%）	363,000 （＋23.6%）
年間配当	220 （＋10.0%）	250 （＋13.6%）	300 （＋20.0%）

（注）単位=売上高、純利益は百万円。年間配当は円。（　）は前期比。2022年3月期は会社側予想

◉信越化学工業（4063）の週足

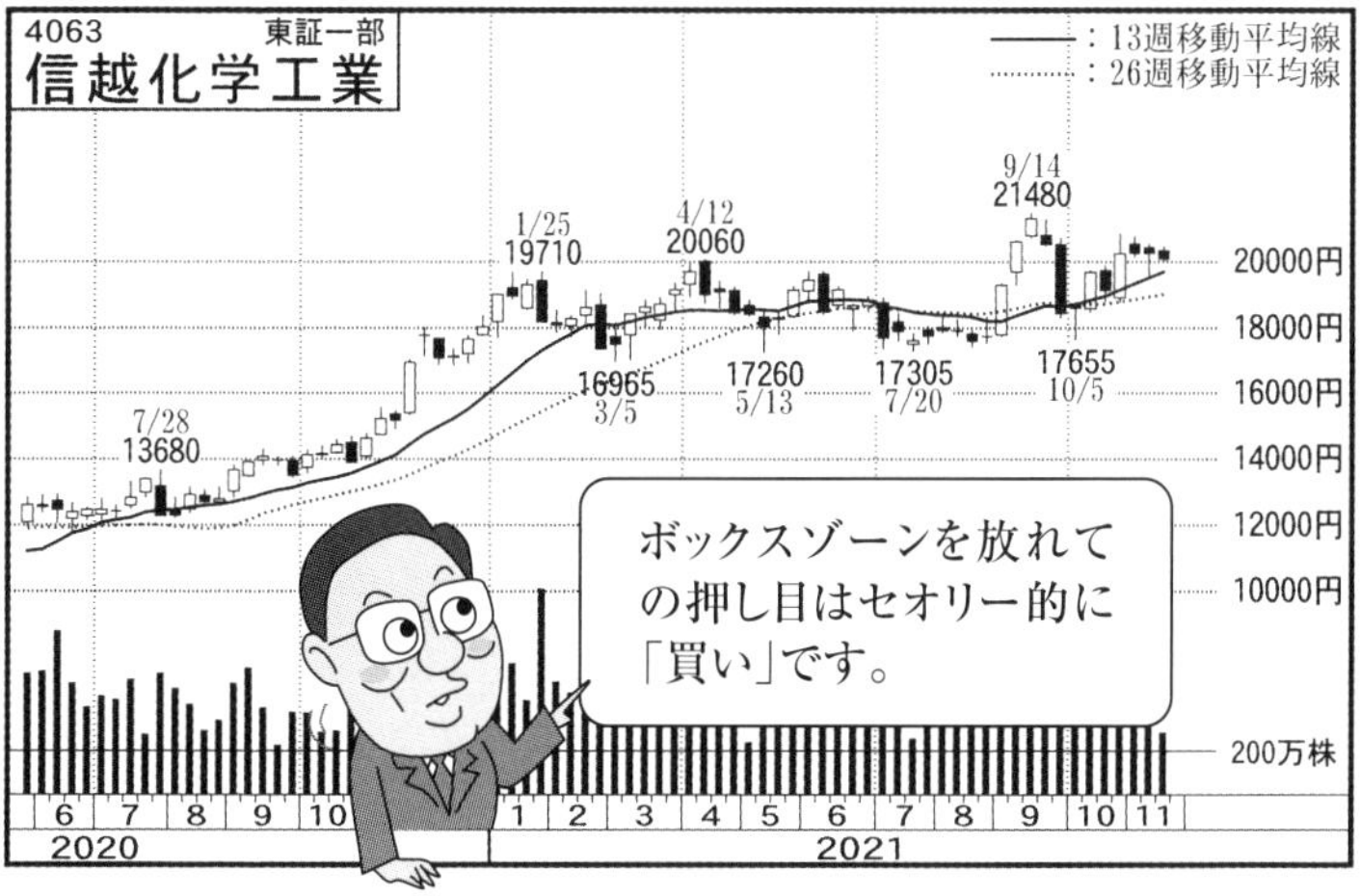

王道銘柄 2

塩野義製薬（4507）

感染症治療薬のリーディングカンパニー

◇岸田首相も期待するコロナ用飲み薬の普及は時間の問題

感染症を重点疾患領域に掲げる製薬企業として存在感を増している。特に注目されているのが、新型コロナウイルス感染症向けの治療薬とワクチンだが、同社では診断薬なども含め、その開発に総力をあげて取り組んでいる。

まず、治療薬の飲み薬については、手代木功社長が2022年3月までに国内で最低でも1000万人分の生産計画を発表した。2021年の10月には、岸田首相が手代木社長に直接説明を受け、「コロナ用飲み薬は、新型コロナ対策の決め手になる」と述べたことが報じられている。

また、ワクチンについても、鼻に直接噴霧するタイプの臨床試験（治験）を計画している。噴霧式は注射を必要としないため、発展途上国などを中心に普及が期待されている。

◈研究開発費かさむが株価は上昇トレンド継続

２０２２年3月期の業績は、売上高が前期比1・１％減、純利益も10％程度のマイナスとなりそうだ。これは、新型コロナウイルス向け治療薬、ワクチンの研究開発費などが増えたことによる。

株価は、抜群に強い。２０２１年は５６４３円で始まり、3月5日の安値５３７２円を経て、9月30日には７７４５円まで上値を追った。10月18日には７７７７円と高値を更新し、先高期待が高まる一方だ。やはり、イノベーションセクターは〝逆行〟に強いということだろう。

２０１８年の11月には、７７９６円まで買われている。ここを抜けば９０００円台乗せも視野に入ってくる。

◉塩野義製薬（4507）の週足

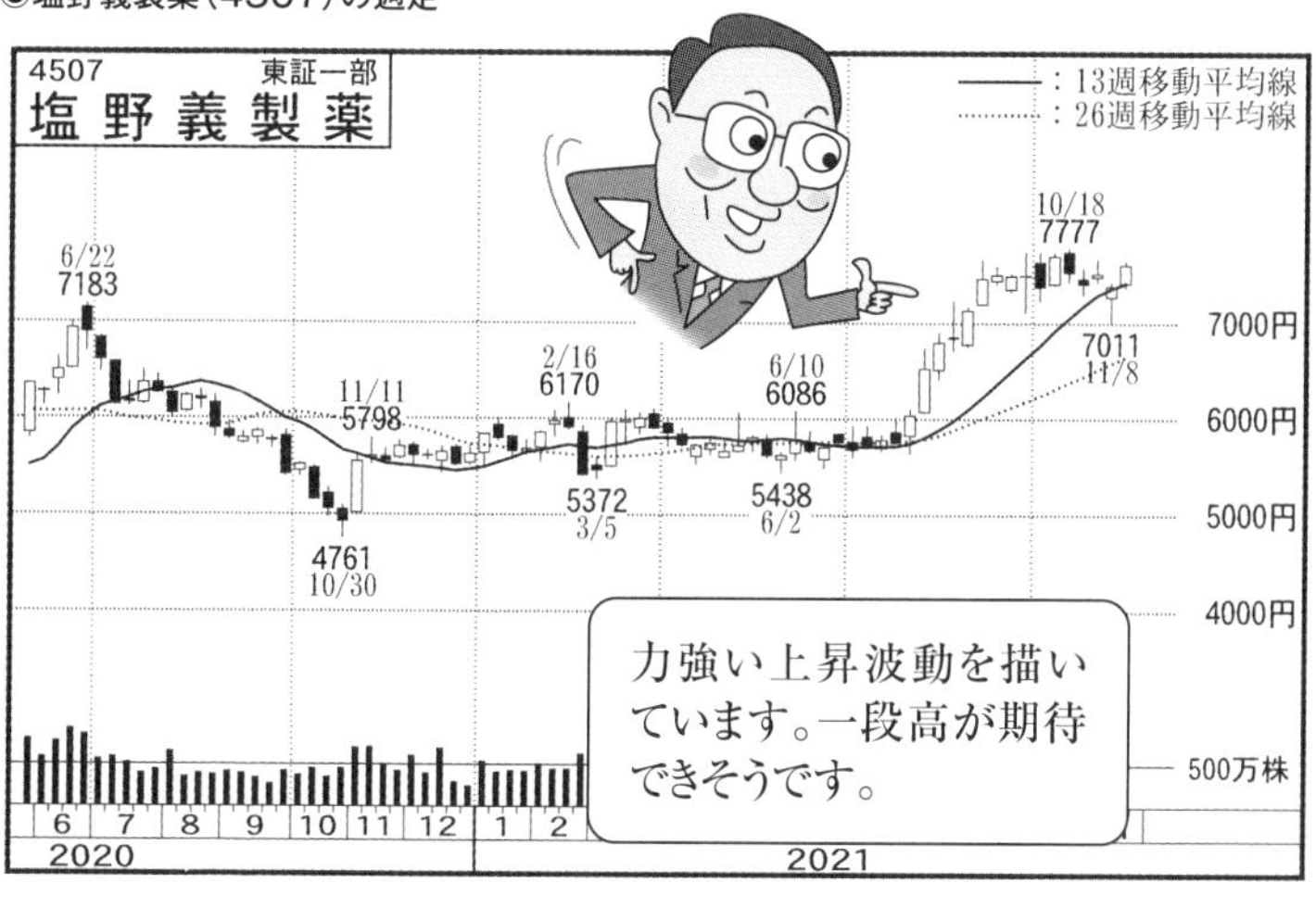

王道銘柄 3

日本製鉄（5401）

業績急回復で勢いに乗る世界第3位の製鉄会社

◇再度の上方修正有望で期末増配も必至

世界第3位の粗鋼生産量を誇り、高級鋼板に強みを持つ製鉄会社である。旺盛な鉄鋼需要を背景に、業績が急回復している。2022年3月期の売上高は前期比38・7％増、純利益は5200億円と大幅な黒字転換となる。特に、アメリカ、インドなど海外の事業環境が好転しており、再度の上方修正が有望視されている。

株価は、2021年9月14日に2381円まで上値を追った。これは年初の78％高に相当するが、2013年9月には3590円がある。この7割水準は2500円近辺であり、2381円を抜けば一段高が期待できる。

なお、配当は現時点で中間配当70円のみ発表されているが、期末配当は80円程度があっても不思議ではない。そうなれば、時価の2000円がらみは、利回り7・5％となる。

◉日本製鉄の業績推移

	2020年3月期	2021年3月期	2022年3月期
売上高	5,921,525 (▲4.2%)	4,829,272 (▲18.4%)	6,700,000 (+38.7%)
純利益	▲431,513 (——)	▲32,432 (——)	520,000 (黒字転換)
年間配当	10 (▲87.5%)	10 (±0%)	70(中間配当) (通期未定)

(注) 単位=売上高、純利益は百万円。年間配当は円。(　)は前期比。2022年3月期は会社側予想

◉日本製鉄(5401)の週足

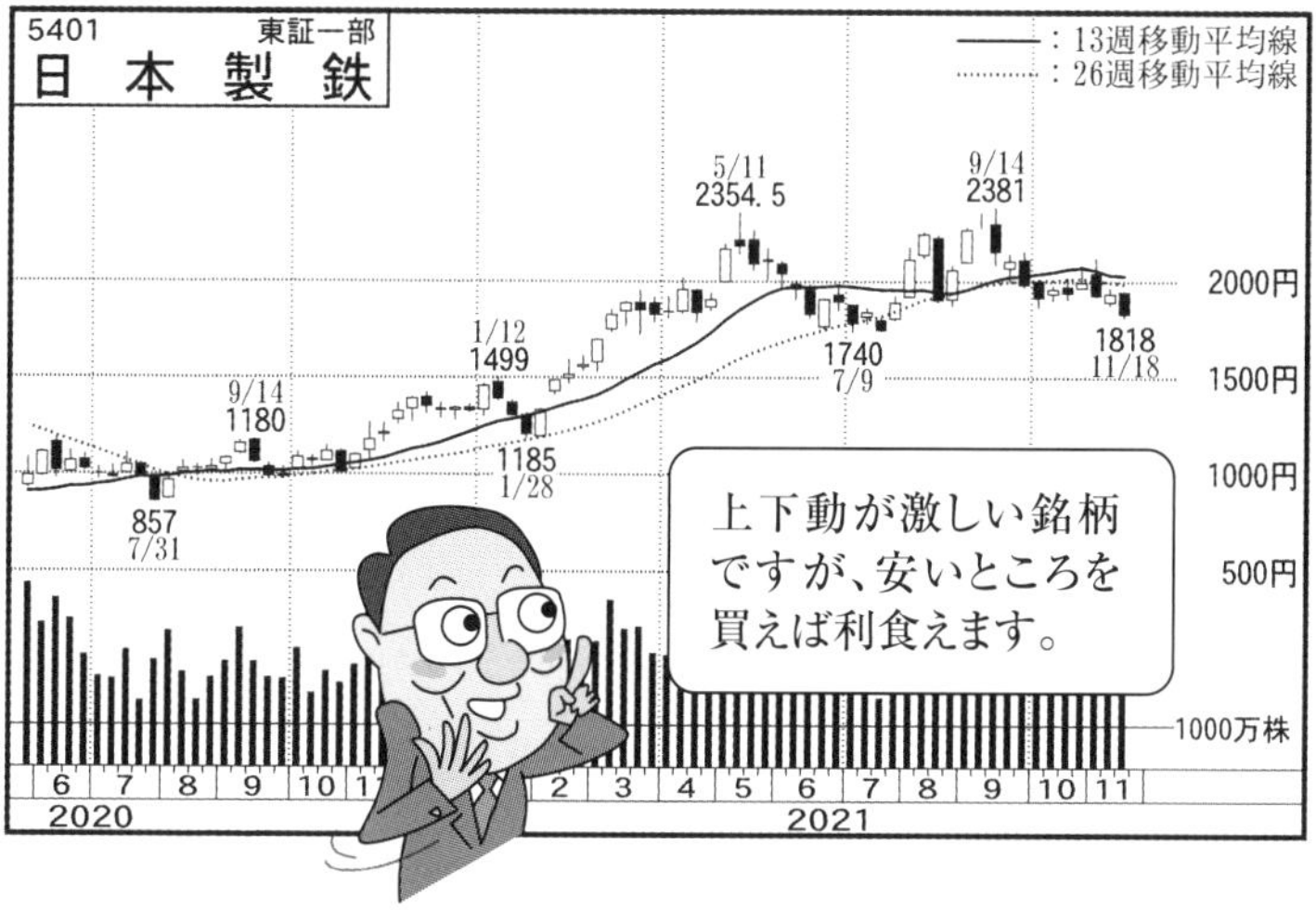

王道銘柄 4

リクルートホールディングス（6098）

業績・株価とも絶好調のグローバル企業

◇欧米の人材需要根強く事業環境が大きく好転

売上高の約5割を占める人材派遣は、事業環境の好転を受け、想定以上の増収増益が続いている。特に欧米では、Ｅコマースの拡大を背景とした物流分野、コロナ禍による医療分野で人材需要の高まりが継続しており、これらが業績に大きく寄与する。

また、売上高の約3割を占める旅行・飲食などのメディア・ソリューションは、新型コロナの影響を受けているが、オンライン分野（ＨＲテクノロジー事業）が好調でこれをカバーする。

株価も絶好調だ。チャートを見ると、移動平均線に支えられる形で上値追いが続いている。２０２１年11月15日には８１８０円まで買われたが、有力証券のなかには目標株価を８７００円に引き上げるところも出てきた。玉を吸い上げているフシがある。

◉リクルートホールディングスの業績推移

	2020年3月期	2021年3月期	2022年3月期
売上高	2,399,465 （＋3.8%）	2,269,346 （▲5.4%）	2,700,000~ 2,800,000 （＋19.0~23.4%）
純利益	179,880 （＋3.2%）	131,393 （▲27.0%）	258,500~ 278,500 （＋96.7~112.0%）
年間配当	30 （＋7.1%）	20 （▲33.3%）	21 （＋5.0）

（注）単位=売上高、純利益は百万円。年間配当は円。（　）は前期比。2022年3月期は会社側予想

◉リクルートホールディングス（6098）の週足

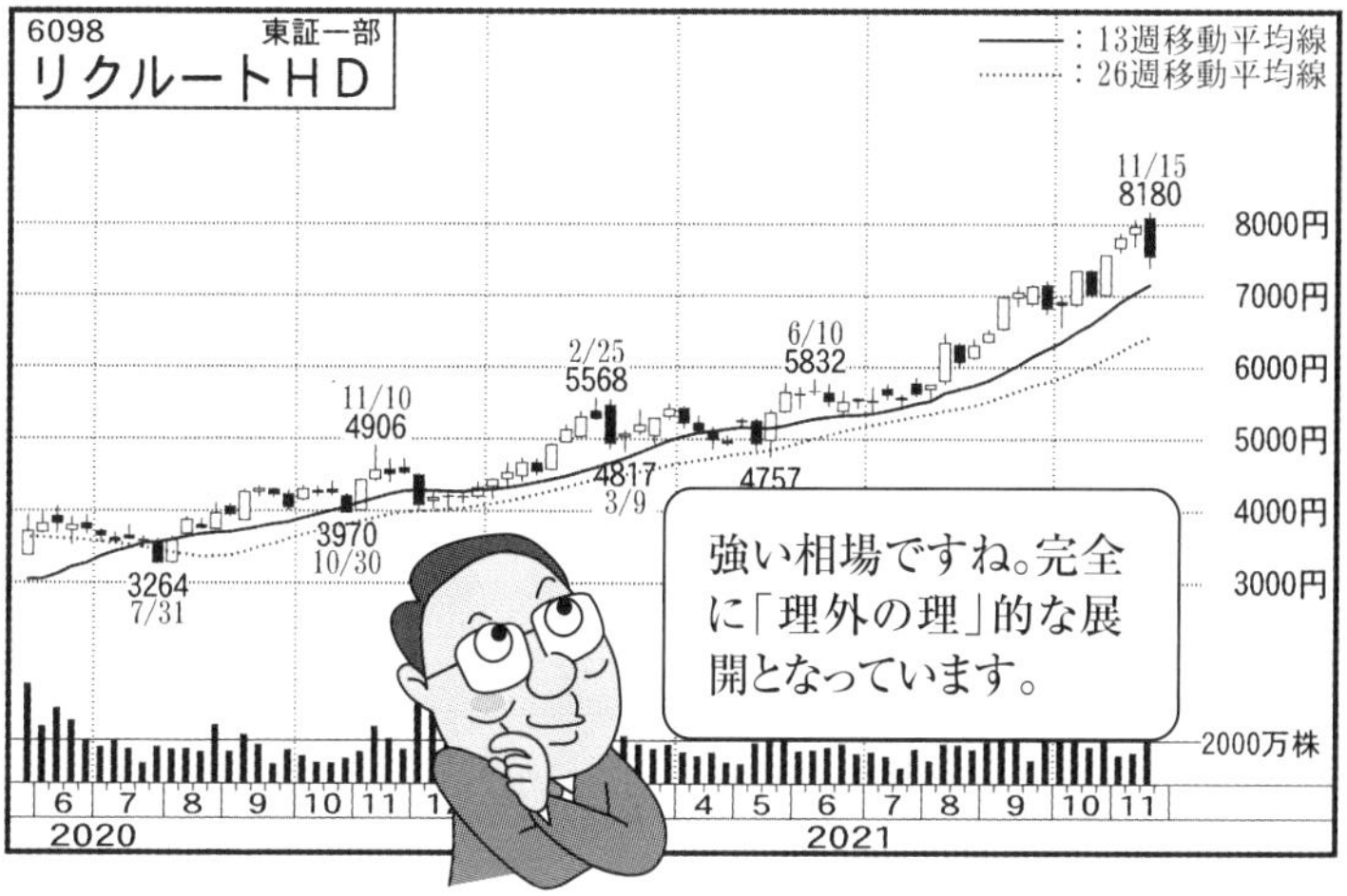

王道銘柄 5

コマツ（6301）

イノベーションの進化とともに成長する建機メーカー

◇2ケタ増収増益を背景に株価も堅調

世界第2位の建設機械メーカーである。成長戦略の1つは「イノベーションによる価値創造」であり、建機の自動化、遠隔操作化などを重点的に推進している。

海外の売上高比率が82％と高いグローバル企業であるため、地域ごとの売上高が業績に大きく影響する。直近の四半期決算を見ると、売上高の23・6％を占める北米が前年同期比36・1％増と伸びたが、10・3％を占める中国は26・5％減と不振である。

一方、国内は堅調に推移しており、2022年3月期の業績は22・5％増収、76・0％増益と急回復に転じる。直近の株価は3000円近辺でもみ合っているが、建機需要の底堅さを加味すれば、2021年の3月に示現した3542円奪還があってもおかしくはない。なお、年間配当は25円増の80円とする。大幅増配である。

◉コマツの業績推移

	2020年3月期	2021年3月期	2022年3月期
売上高	2,444,870 (▲10.3%)	2,189,512 (▲10.4%)	2,683,000 (+22.5%)
純利益	153,844 (▲40.0%)	106,237 (▲30.9%)	187,000 (+76.0%)
年間配当	94 (▲14.5%)	55 (▲41.5%)	80 (+45.5%)

(注) 単位=売上高、純利益は百万円。年間配当は円。( )は前期比。2022年3月期は会社側予想

◉コマツ(6301)の週足

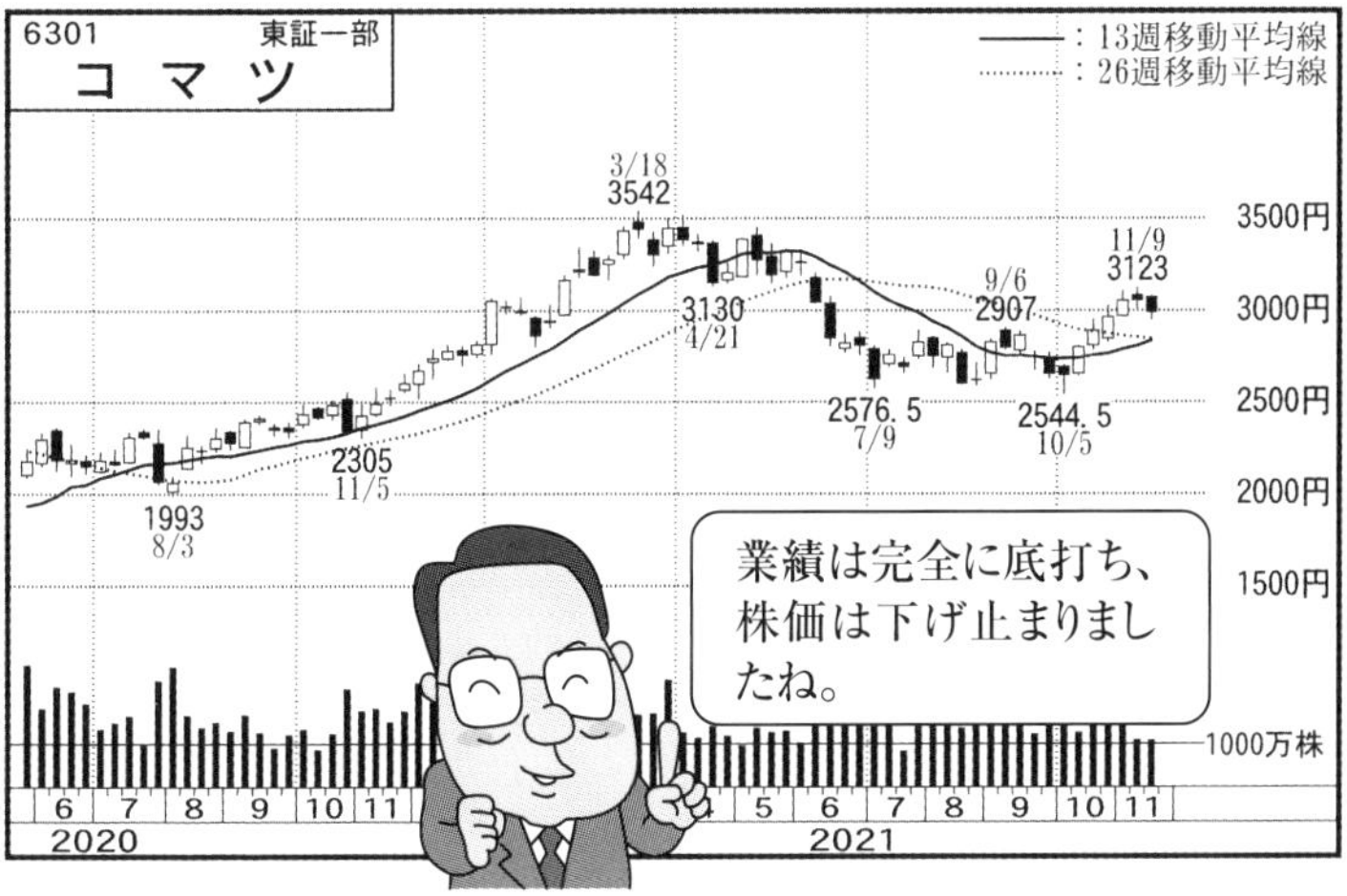

王道銘柄 6

日本電産（6594）

売上高10兆円を掲げる世界最大のモーターメーカー

◇世界シェア・ナンバーワン製品多くM&Aも再開

データの記録装置に使われるハードディスク用モーターなど、世界シェア・ナンバーワン製品を数多く手がけている。永守重信会長が一代で築き上げた同社は、積極的なM&Aなどによって、売上高1兆6000億円を超える巨大企業に成長し、飛躍を期している。

売上高10兆円を目指す永守会長は、「脱炭素化の波」など5つの波を大きなビジネスチャンスととらえ、休止していたM&Aも再開している。また、永守会長にスカウトされ、2021年6月に新CEO（最高経営責任者）となった関潤社長は、2030年までに電動車用駆動システムで世界市場シェア40%以上を目指すと明言、すごい会社である。

株価は、ここしばらく往来相場が続いている。好材料待ちの展開だが、中・長期的な成長余力は大きく、2021年の2月につけた1万5175円を目指す動きとなろう。

◉日本電産グループが誇る世界シェア・ナンバーワン製品

- ▶データ記録装置に使われるHDD用モーター
- ▶熱を排出するゲーム機用ファンモーター
- ▶カラーフィルター駆動用に使われるプロジェクター用モーター
- ▶DVDなどを回転させる光ディスクドライブ用モーター
- ▶エアコンの中で使われるインバーター・エアコン用モーター
- ▶車両の操舵力をアシストするパワーステアリング用モーター
- ▶キャッシュカードのデータを読み取るATM用カードリーダー
- ▶冷蔵庫の中で氷をつくるアイスメーカー
- ▶陶芸用の電動ろくろ

……etc.

◉日本電産(6594)の週足

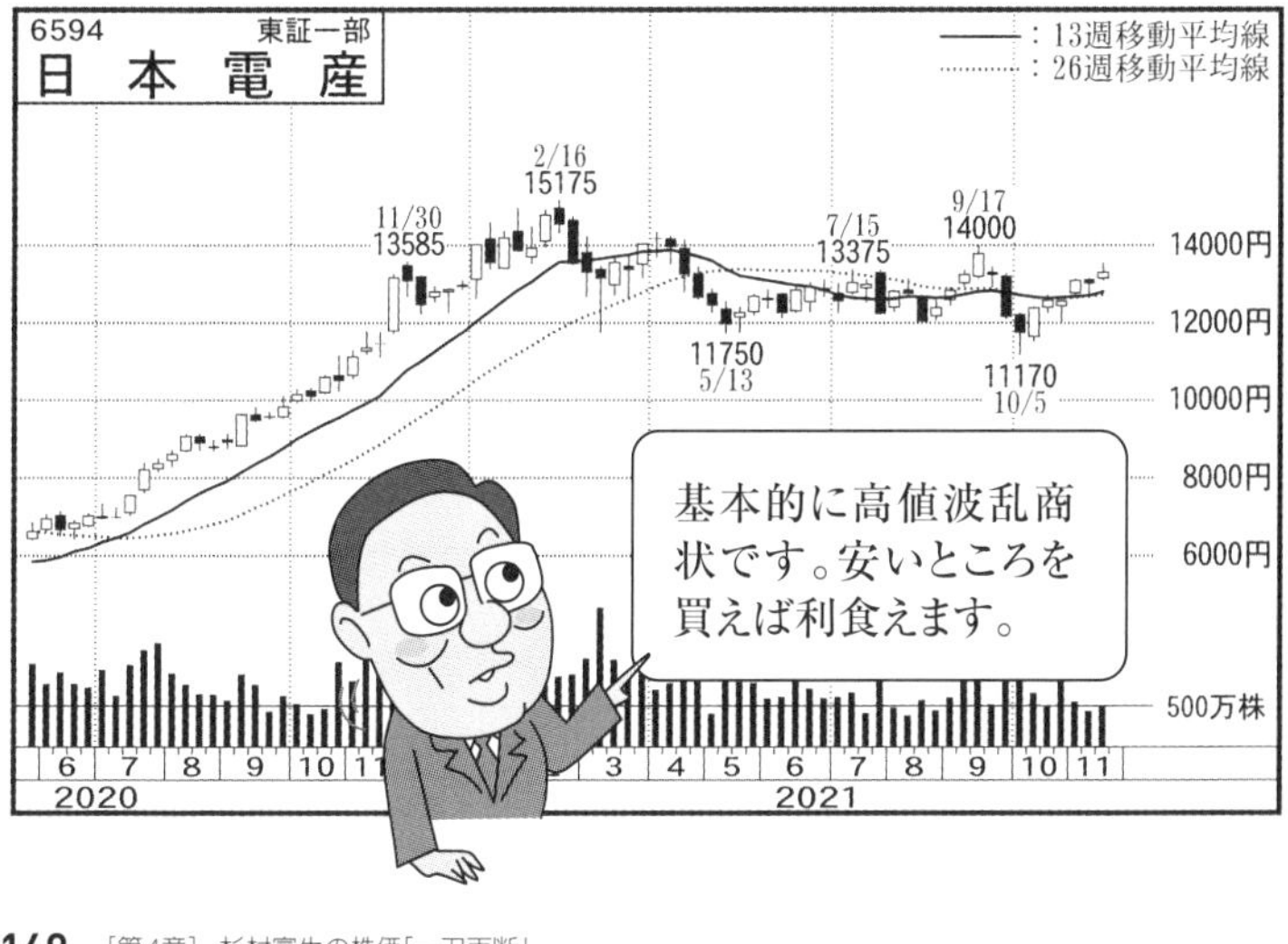

王道銘柄 7

トヨタ自動車（7203）

モビリティカンパニーを目指す世界トップの自動車メーカー

◇半導体不足による減産は挽回生産で取り戻す計画

現在、総合力では世界トップの4輪メーカーに成長しているが、今後は自動化・電動化など新しい技術分野にも注力し、モビリティカンパニーを目指すとしている。

2021年8月の販売実績を見ると、国内は11カ月連続の前年超え、海外は9カ月連続の前年超えを記録した。ただし、生産実績は、国内が6カ月連続の前年割れ、海外は12カ月連続の前年割れとなっている。

新車販売は国内外とも好調だが、生産が追いついていないのがネックとなっている。2021年9月には、半導体など部品供給不足により減産することを発表し、株価はこれをイヤ気した売りによって軟調な展開となった。しかし、12月以降は挽回生産を行ない、2022年3月までには10万台前後まで生産を拡大する計画である。

◈稼ぐ力が上向き円安効果も株高を後押し

部品不足、材料高といった逆風はあるものの、業績的には稼ぐ力が着実に上向いている。

２０２１年の４～９月決算を見ると、売上高15兆４８１３億円、純利益１兆５６５０億円を計上、純利益率は10・１％に達する。もちろん、円安効果も業績拡大を後押しする。

株式は、１対５の株式分割によって２０００円前後で取引ができるようになり、投資家層の拡大が見込める。株価は、移動平均線に支えられてジリ高を続けており、最近の経験則では、26週線を一瞬割り込んだところで買えば、すべて利が乗った状態となっている。

２０２２年は時価の４割高、３０００円台乗せがあってもおかしくはないと思う。

◉トヨタ自動車（7203）の週足

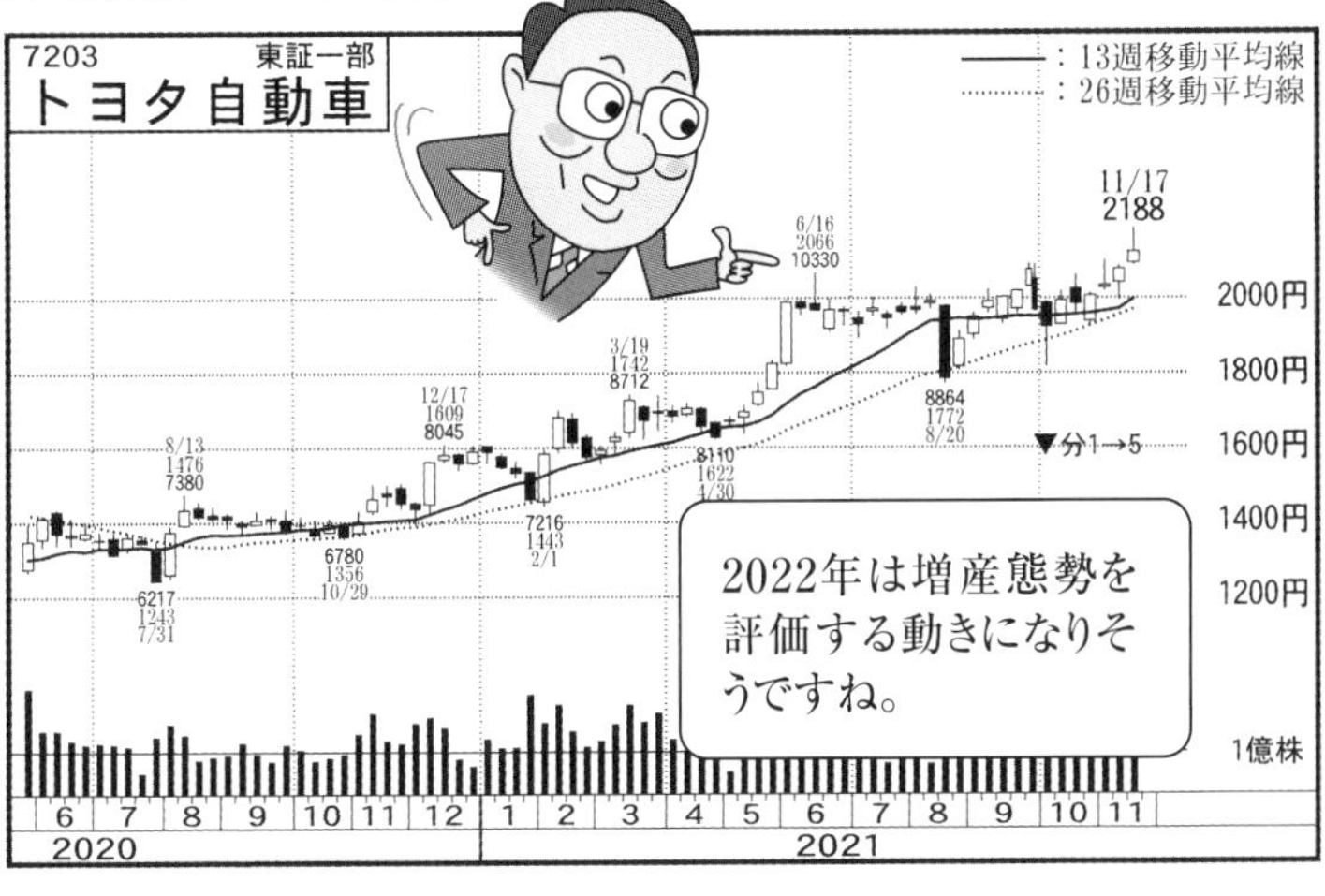

王道銘柄 8

三井物産（8031）

金属資源に強く再度の上方修正も有望な総合商社

◇今期業績は最高益を更新、株価は割安顕著

業績が急回復し、2022年3月期は最高益の更新が確実視されている。金属資源に強い。特に鉄鉱石、原油の生産権益量は、総合商社のなかでも最上位にある。

事業別の純利益は、金属資源が期首予想より1600億円増え、4200億円程度が見込まれている。鉄鉱石の価格は下落傾向にあるが、原油価格の高騰が利益を押し上げている。非資源部門が収益を稼ぐ構造になりつつある。

全体の通期純利益は7200億円と予想されているが、エネルギー部門の利益増は必至であり、さらなる上方修正が望める。2022年3月期の予想1株利益は、第2四半期決算時点において441円となっている。したがって、PER8倍でも、株価は3500円を超える。年間配当は95円（3月期末配当は50円）とする。

◉三井物産の事業別純利益予想

事業部門等	2022年3月期 期首予想	2022年3月期 通期予想	増減
金属資源	2,600	4,200	＋1,600
エネルギー	500	800	＋300
機械・インフラ	800	1,000	＋200
化学品	400	500	＋100
鉄鋼製品	100	200	＋100
生活産業	200	400	＋200
次世代・機能推進	300	400	＋100
その他	▲300	▲300	±0
合計	4,600	7,200	＋2,600

（単位：億円）

◉三井物産（8031）の週足

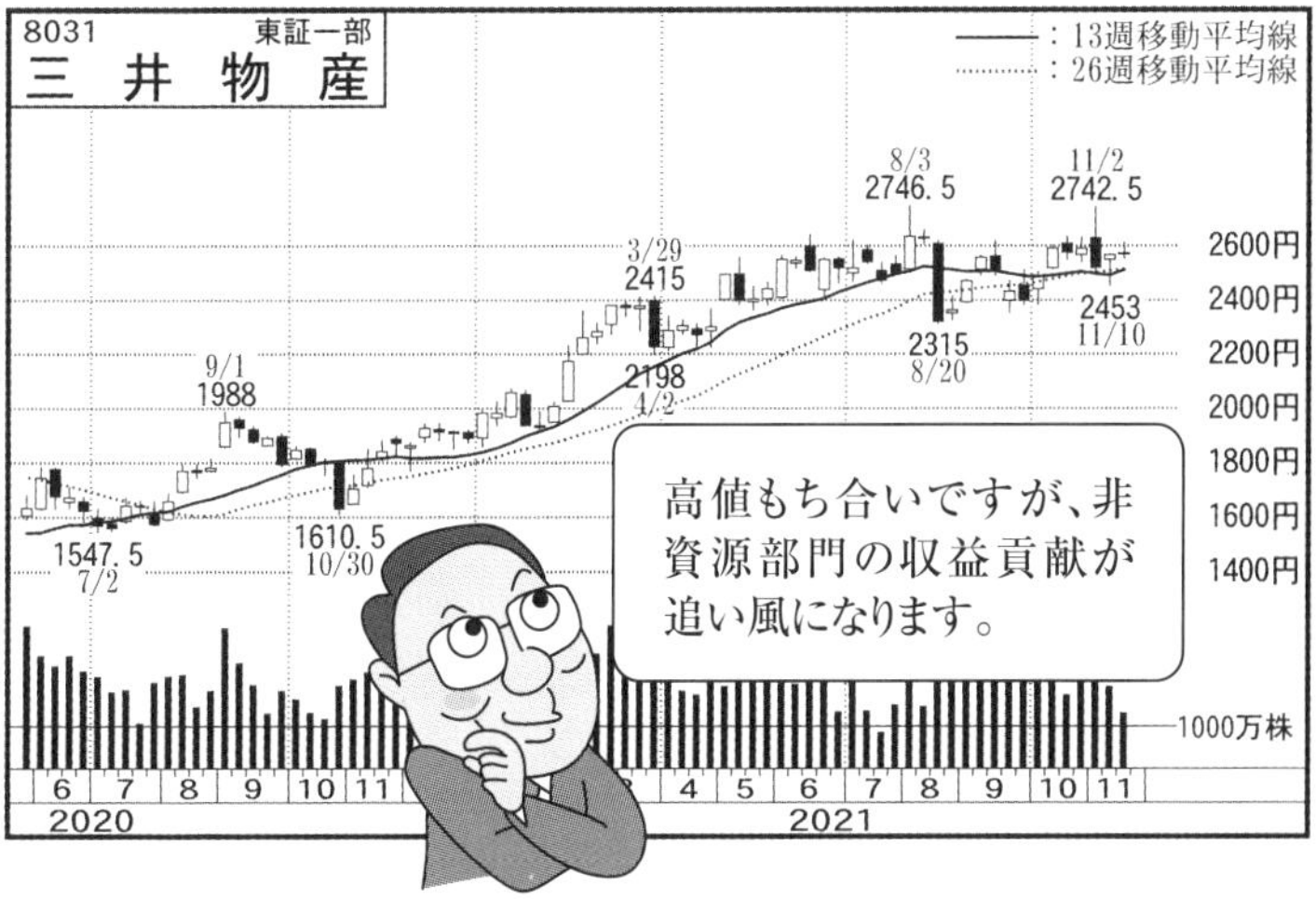

王道銘柄 9

三菱ＵＦＪフィナンシャル・グループ（８３０６）

ＲＯＥ７・５％を目標に世界戦略にも注力中

◇有力企業を傘下に中期経営計画が着実に進展

日本を代表する金融グループである。傘下に三菱ＵＦＪ銀行、三菱ＵＦＪ証券ホールディングス、三菱ＵＦＪニコス、アコムなどがあり、モルガン・スタンレーとは戦略的な提携関係を結んでいる。

「挑戦と変革の３年間」と位置付けられた２０２３年度までの中期経営計画では、環境の変化に応じたビジネスモデルをつくり上げることにより、ＲＯＥ（株主資本利益率）を７・５％にすることが目標とされている。

また、２０２１年の８月にはベトナムの金融機関を買収するなど、今後の成長が見込めるアジア戦略も積極化させている。注目の金利状況は、アメリカの債券市場で長期債券利回りが上昇しており、強力な株価支援材料となる。

◈今期純利益は1兆500億円に上方修正

業績（2022年3月期第2四半期）は、売上高に相当する経常収支が前年同期比5・8％減の2兆9584億円となったが、純利益は95・0％増の7814億円を計上した。2022年3月期の純利益は、当初の8500億円を1兆500億円に上方修正した。

2021年の株価は、年初の456・2円が9月28日に688・9円まで値上がりした（上昇率51・0％）。直近は650円近辺で推移しているが、年間配当は前期比3円増の28円が見込まれており、利回りは4％を超える。

現在、世界的にインフレが懸念されており、テーパリングなどによる金利動向次第では、大相場となる可能性を秘めている。

◉三菱UFJフィナンシャル・グループ（8306）の週足

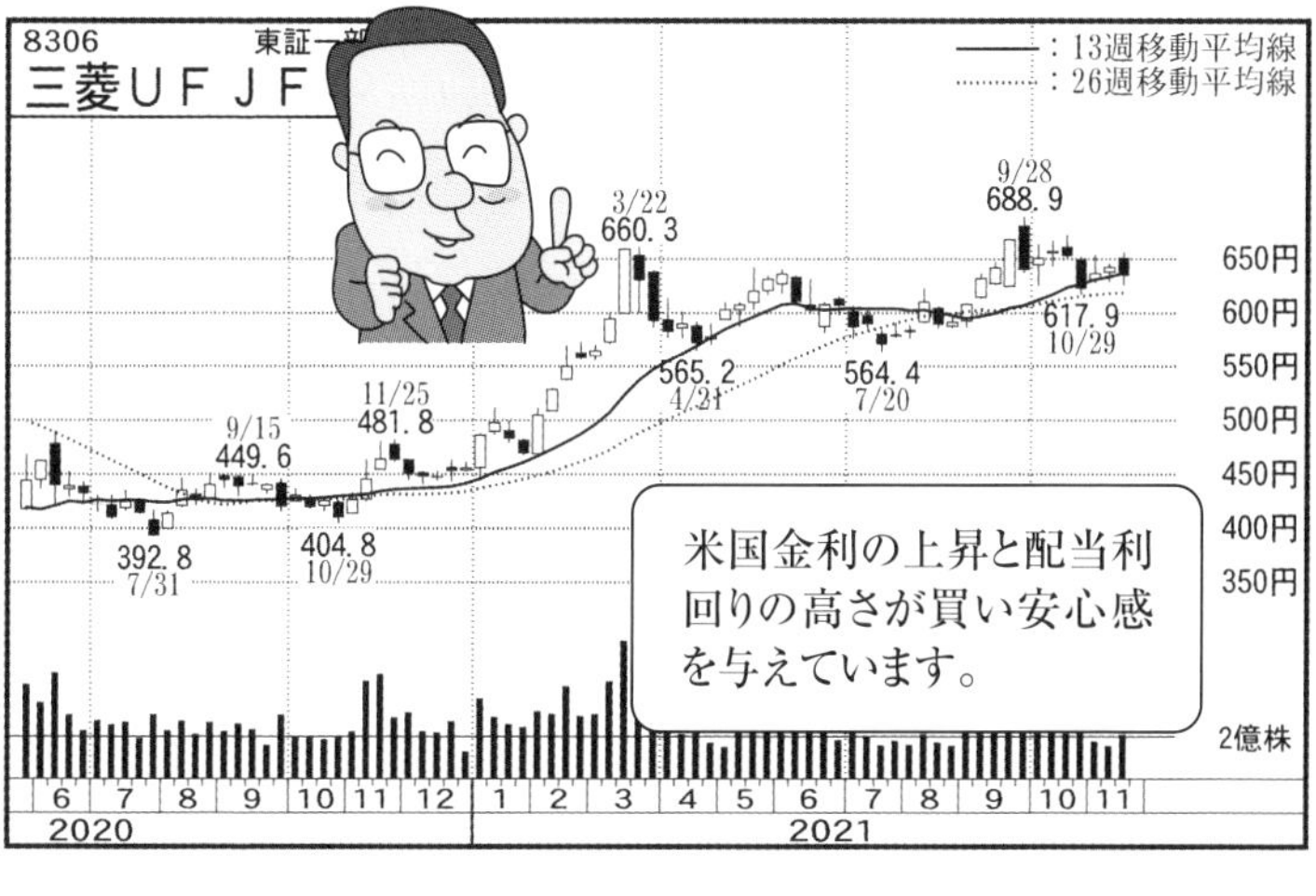

王道銘柄 10

野村ホールディングス（8604）

預かり資産の拡大が奏功し水準訂正高有望

◇顧客資産残高は128兆円、来期業績の急回復に期待

国内最大手証券の野村証券などを傘下に置く持ち株会社である。最近の業容は、新設したインベストメント・マネジメント部門が牽引し、戦略的に注力しているプライベート領域でのサービス拡充、資産運用関連ビジネスが堅調に推移している。

直近は資産拡大に向けた取り組みが奏功し、営業部門の顧客資産残高が128・7兆円、インベストメント・マネジメント部門の運用資産残高が67・8兆円と過去最高だ。2022年3月期通期の業績予想は行なっていないが、リテール部門の売買需要も底堅く、2022年3月期上半期の純利益は517億円を計上している。

直近の株価は500円近辺で推移しているが、株式市場の活況とともに2022年は大幅な水準訂正が行なわれるだろう。2021年の高値721円奪回があろう。

●数字で見る野村グループ

1925年設立 ……… 設立96年

26,591名 ……… 世界30カ国以上の拠点の役職員数

86% ……… グローバル・リサーチは世界経済・金融指標の86%をカバー

128.7兆円 ……… 国内最大の顧客資産残高

120店 ……… 国内の野村証券店舗数

67.8兆円 ……… 運用資産残高

●野村ホールディングス(8604)の週足

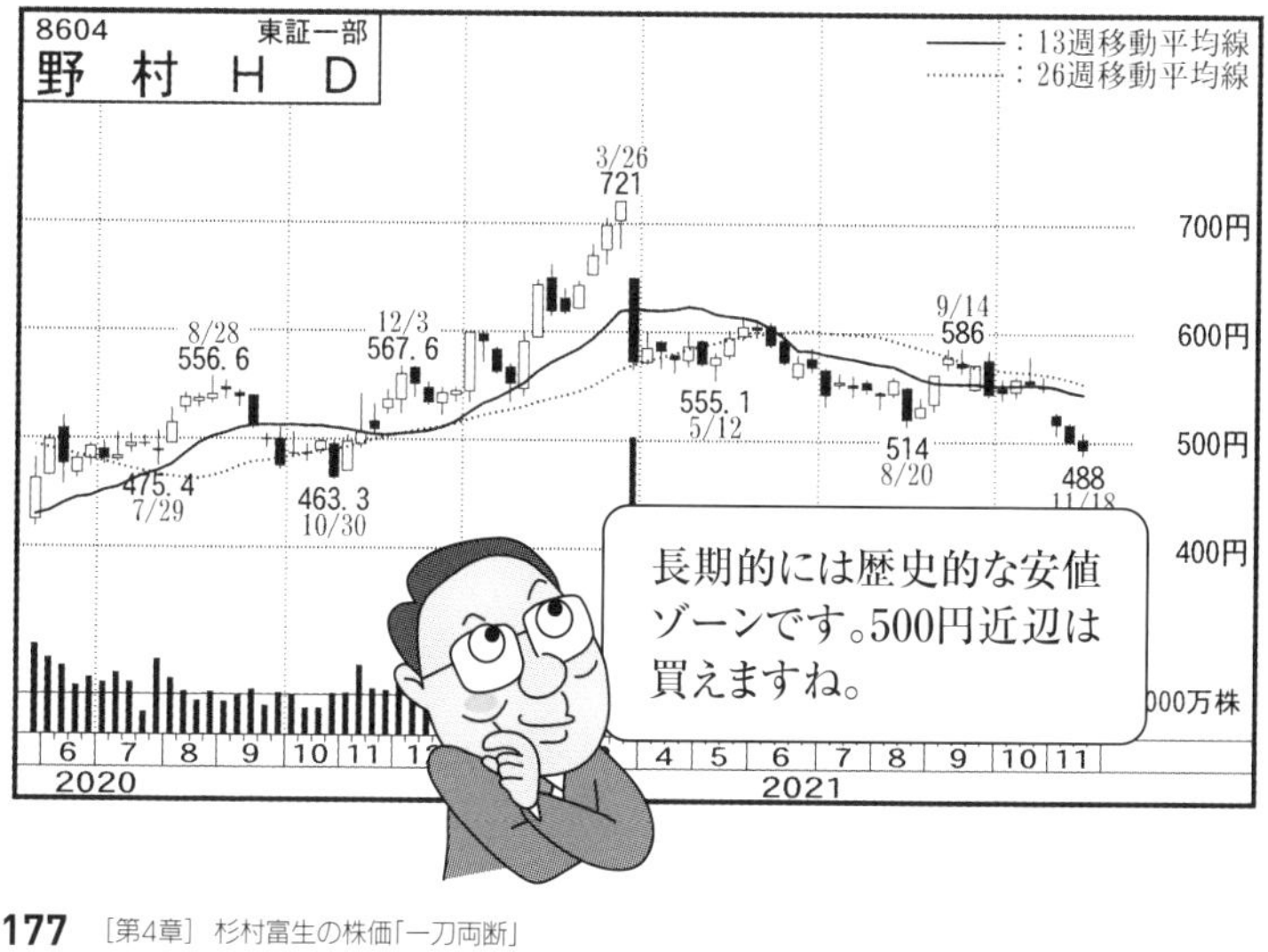

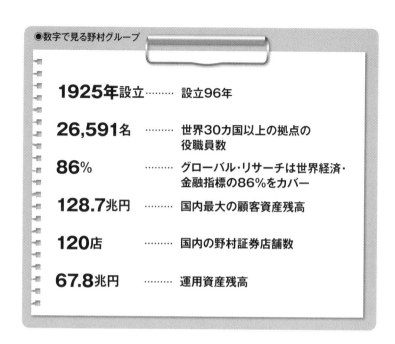

王道銘柄 11

東京海上ホールディングス（8766）

今期大幅増益で最高益を更新するメガ損保

◇海外保険事業の伸び目覚ましく株主優遇策にも積極的

東京海上日動火災保険を中核とする持ち株会社である。２０２１年度の事業別利益予想は、海外保険事業１６７０億円、国内損害保険事業１４５０億円、国内生命保険事業４８０億円、金融・その他事業40億円となっている。

海外保険事業では、欧米のほか成長性の高いアジア・中南米等の新興国にも注力しており、海外部門の売上高比率は37％に達する。一方、もう１つの柱である国内損害保険事業は、日新火災海上保険、イーデザイン損害保険とともに契約数を増やしている。

２０２２年3月期は、純利益、１株利益とも前期比2倍以上伸長し、最高益を更新する。株価は上値指向を強めており、目標株価を７０００円に引き上げる有力証券も出てきた。自己株式の消去など株主優遇策にも積極的である。

◉東京海上ホールディングスの業績推移

	2020年3月期	2021年3月期	2022年3月期
純利益	259,763 (▲5.4%)	161,801 (▲37.7%)	345,000 (＋113.2%)
1株利益	369.7 (▲3.5%)	232.1 (▲37.2%)	501.5 (＋116.1%)
年間配当	225 (▲10.0%)	235 (＋4.4%)	245 (＋4.3%)

(注) 単位=売上高は百万円。1株利益、年間配当は円。(　)は前期比。2022年3月期は会社側予想

◉東京海上ホールディングス(8766)の週足

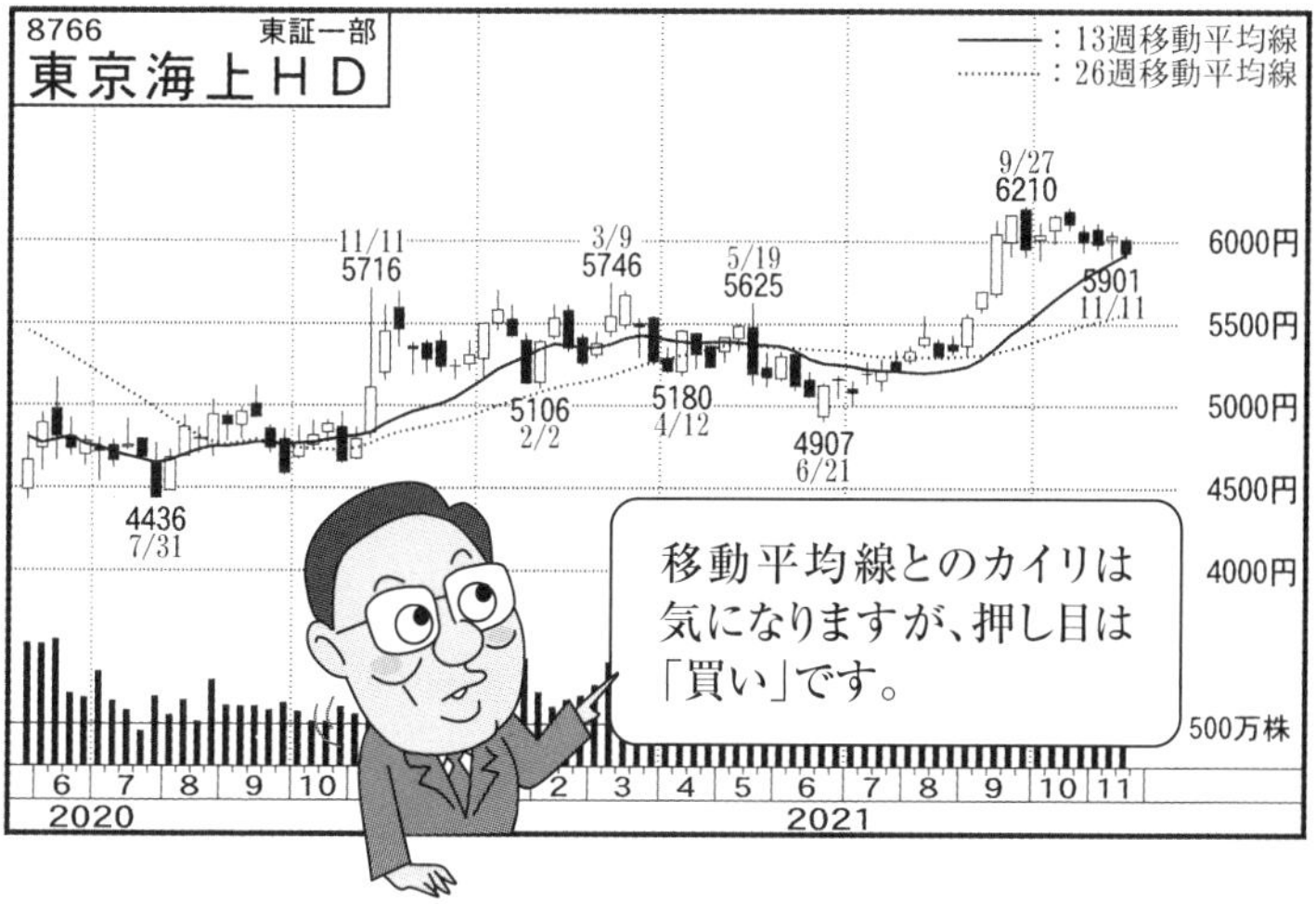

王道銘柄 12

東日本旅客鉄道（9020）

コロナ禍は最悪期を脱し反転攻勢の機運高まる

◇非運輸事業に注力、来期の大幅増益有望で先高期待高まる

ＪＲ東日本として、首都圏・東日本を地盤に事業を展開している。売上高の６割以上を占める運輸事業は、69線区、７４０１営業キロ、駅数１６７６駅、１日当たりの列車本数１万２２５６本、輸送人員約１２４３万人という規模で、５万名近い従業員が在籍する。

しかし、巨大企業だけに新型コロナによる逆風は深刻だ。２０２１年３月期の純利益は５７７９億円もの赤字を計上した。これは前期比７７６３億円の減益である。２０２２年３月期は、１６００億円の赤字を予想している。しかし、最悪期は脱したと思う。

同社には数多くの事業基盤があり、早期に運輸事業とそれ以外の事業の営業収益比率を５対５にする計画である。直近の株価は７０００円台で推移しているが、中・長期的な妙味は大きく、２０２２年は８６００円程度の上値が期待できる。

◉東日本旅客鉄道の事業別業績動向

(2022年3月期第2四半期)

セクター	売上高(億円)	営業損益(億円)
運輸	**6,136** (+919.8)	**▲1,439.6** (+1,501.7)
流通・サービス	**1,436** (▲226.5)	**17.9** (+74.9)
不動産・ホテル	**1,447** (+154.1)	**227.7** (+218.9)
その他	**901** (▲97.1)	**30.8** (▲5.0)

*2022年3月期通期予想　売上高　2兆570億円(+16.6%)
純利益　▲1,600億円(+4,179)

(注) カッコ内の数字は前年同期に対する比率と増減金額(億円)

◉東日本旅客鉄道(9020)の週足

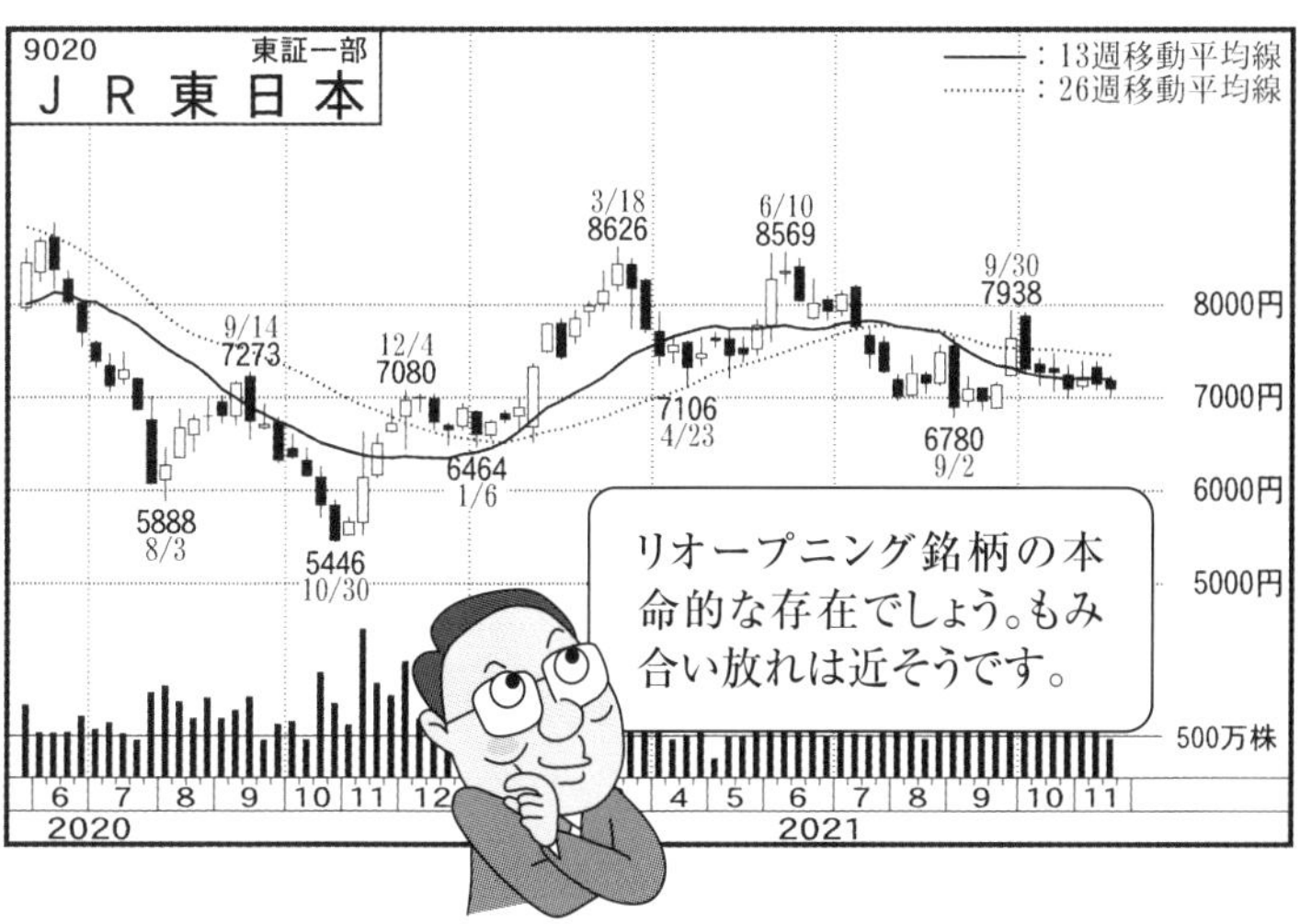

王道銘柄 13

日本航空（9201）

業績回復鮮明でボックス相場に終えんの兆し

◇コロナ感染者数の減少、観光支援策の再開も株価を後押し

新型コロナウイルス感染拡大に収束の兆しが出て、業績的にもようやく明るさが見えてきた。2022年3月期の第1四半期は、旅客収入を中心とする売上高が1330億円を計上したが、これは前年同期比74・1％増に相当する。純利益は579億円の損失だった。これは前年同期より358億円改善している。

2022年3月期通期の純利益は赤字予想だが、新型コロナの感染者数が順調に減少すれば、観光支援策「ＧｏＴｏトラベル」の再開も業績回復を後押しする。

2021年の株価は、1月18日に1811円まで売られ、3月22日には2759円まで買われた。その後はコロナ感染者数をにらみながら、おおむね2000〜2700円のゾーンで推移しているが、2022年は3000円台での活躍が見られると思う。

◉日本航空の項目別業績

（2022年3月期第1四半期）

項目		2021年4月1日～2021年6月30日	前年同期比
売上高		1,330億円	174.1%
内訳	国際線旅客収入	112億円	415.0%
内訳	国内線旅客収入	380億円	200.8%
内訳	貨物郵便収入	476億円	179.3%
内訳	その他収入	360億円	128.2%
コスト			
内訳	航空燃料費	265億円	136.8%
内訳	航空燃料費以外	1,888億円	101.3%
純利益		▲579億円	＋358億円

◉日本航空（9201）の週足

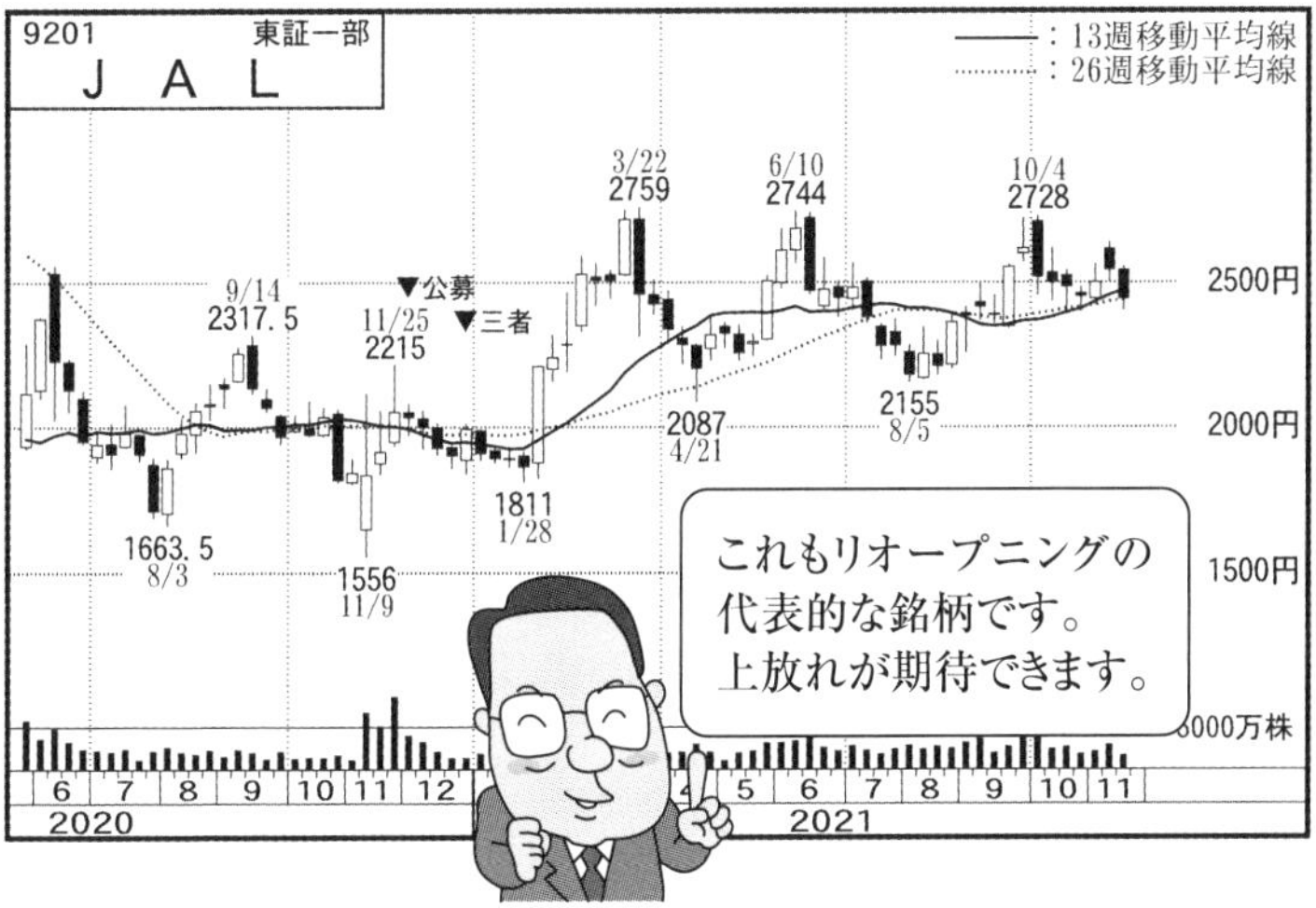

王道銘柄 14

東京電力ホールディングス（9501）

責任と競争の両立が求められる電力の最大手

◇不祥事続くが国民の視線を意識した事業運営に注力中

２０１６年4月、燃料・火力発電、一般送配電、小売電気の３つの事業部門を分社化し、ホールディングカンパニー制に移行した。これは、福島第一原子力発電所事故の「責任」を果たし、エネルギー産業の新しい「競争」の時代を勝ち抜いていくための変革である。以後、数年が経過したが、同社には福島第一原子力発電所の廃炉、汚染水処理など問題が山積している。また、新潟の柏崎刈羽原発でテロ対策の不備が明らかになるなど、不祥事も後を絶たない。火力発電には、原油高という逆風も吹いている。

しかし、それでも同社がわが国最大のエネルギー供給会社であることに変わりはない。今期純利益は１６０億円の赤字予想だが、電力料金の引き上げ効果もあり、株価は下値鍛錬が終了しつつある。直近高値３７４円接近が当面の目標となろう。

◉東京電力ホールディングスの「一時的公的管理」から「自律的運営体制」への移行

2020年代初頭

評価基準を満たす場合

原子力損害賠償・廃炉等支援、東電の配当復活または自己株式消去開始

↓

2020年代半ば

評価基準を満たす場合

一定の株価を前提に、機構保有株式の市場による売却開始

↓

2030年代前半

特別負担金の納付終了が見通される場合

機構保有株式の売却

◉東京電力ホールディングス（9501）の週足

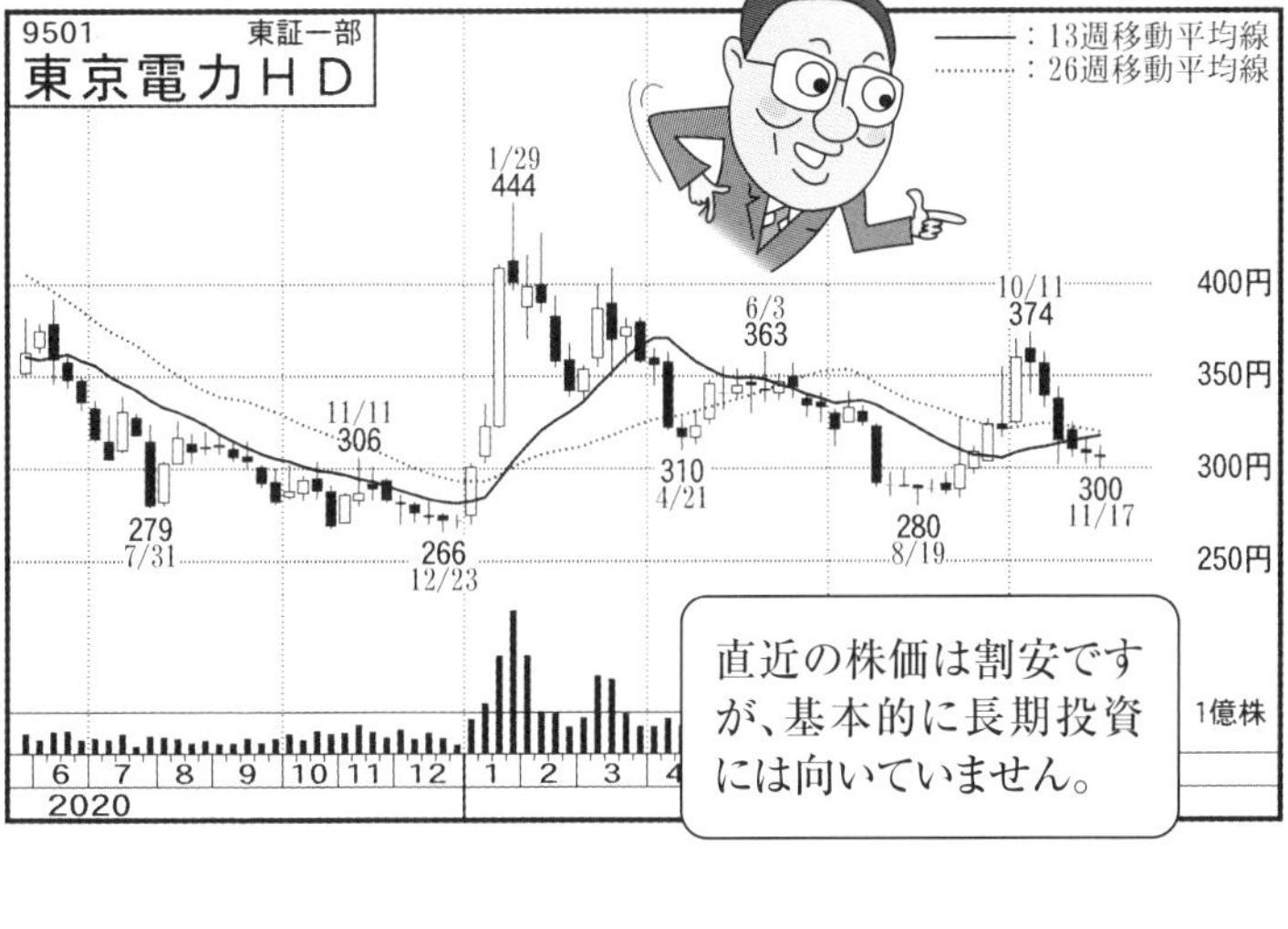

王道銘柄 15

ソフトバンクグループ（9984）
「情報革命の資本家」を目指す投資会社

◇時価純資産を最重要視する経営でAI分野に全力投球

携帯子会社、10兆円ファンドなどを傘下に置く持ち株会社である。同社の創業者で発行済み株式数の22％を保有する孫正義会長は、ソフトバンクグループを「情報革命の資本家」にする、と述べている。ただ、足元は中国リスクにさらされている。

また、孫会長は産業革命で中心的な役割を果たしたロスチャイルド家のように、情報革命ではソフトバンクグループがキープレイヤーになる、とも語っている。そのため、今後も情報革命の中核を担うＡＩ（人工知能）分野に全力投球する方針である。

現在、同社が最も重視する経営指標は、純利益ではなく時価純資産（保有株式価値－純負債）であり、その金額は26・5兆円に達している。直近の株価は孫会長が描く壮大なプランを評価していないが、２０２２年は逆転劇が起きても不思議ではないと思う。

◉ソフトバンクグループの時価純資産推移

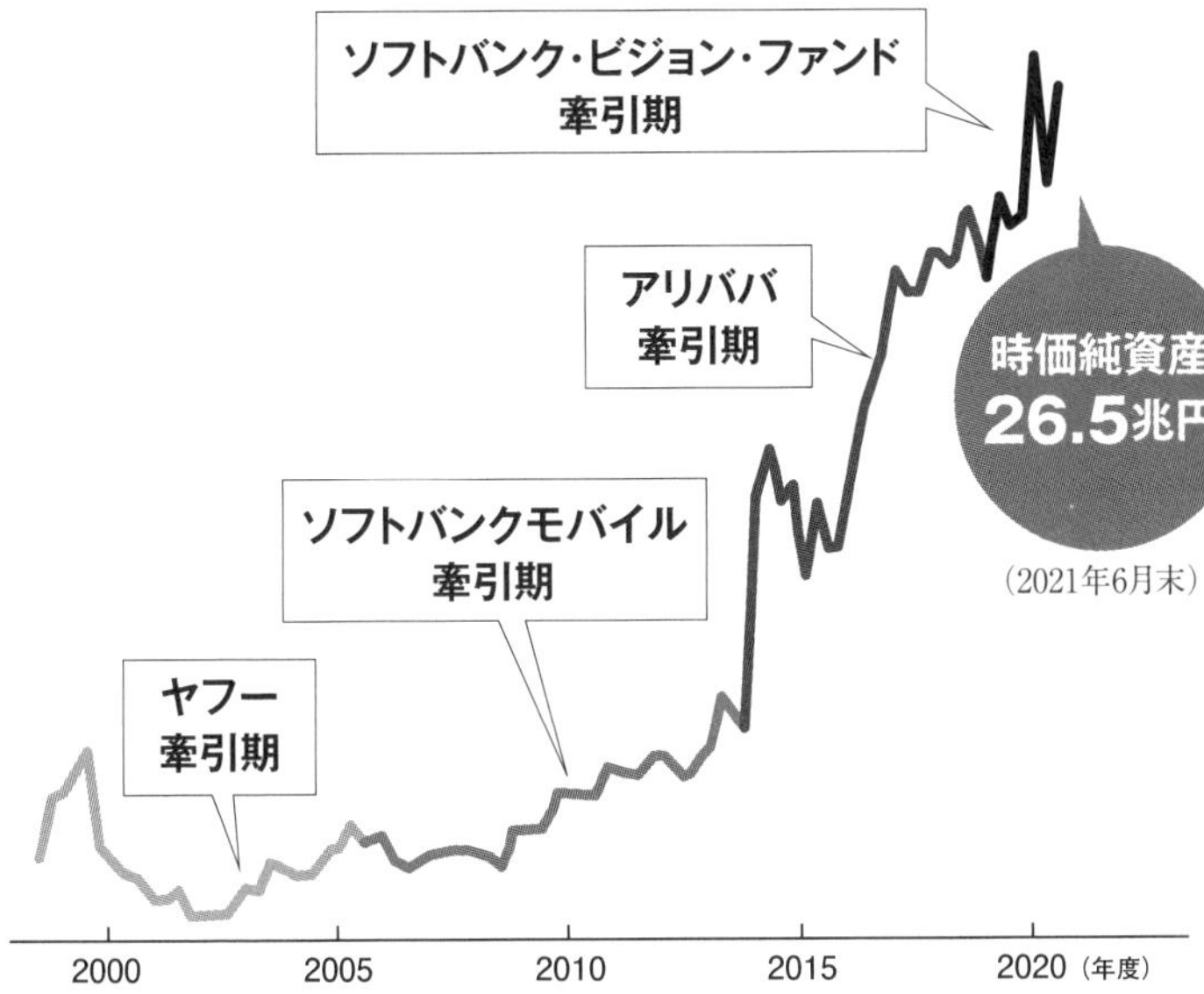

◉ソフトバンクグループ(9984)の週足

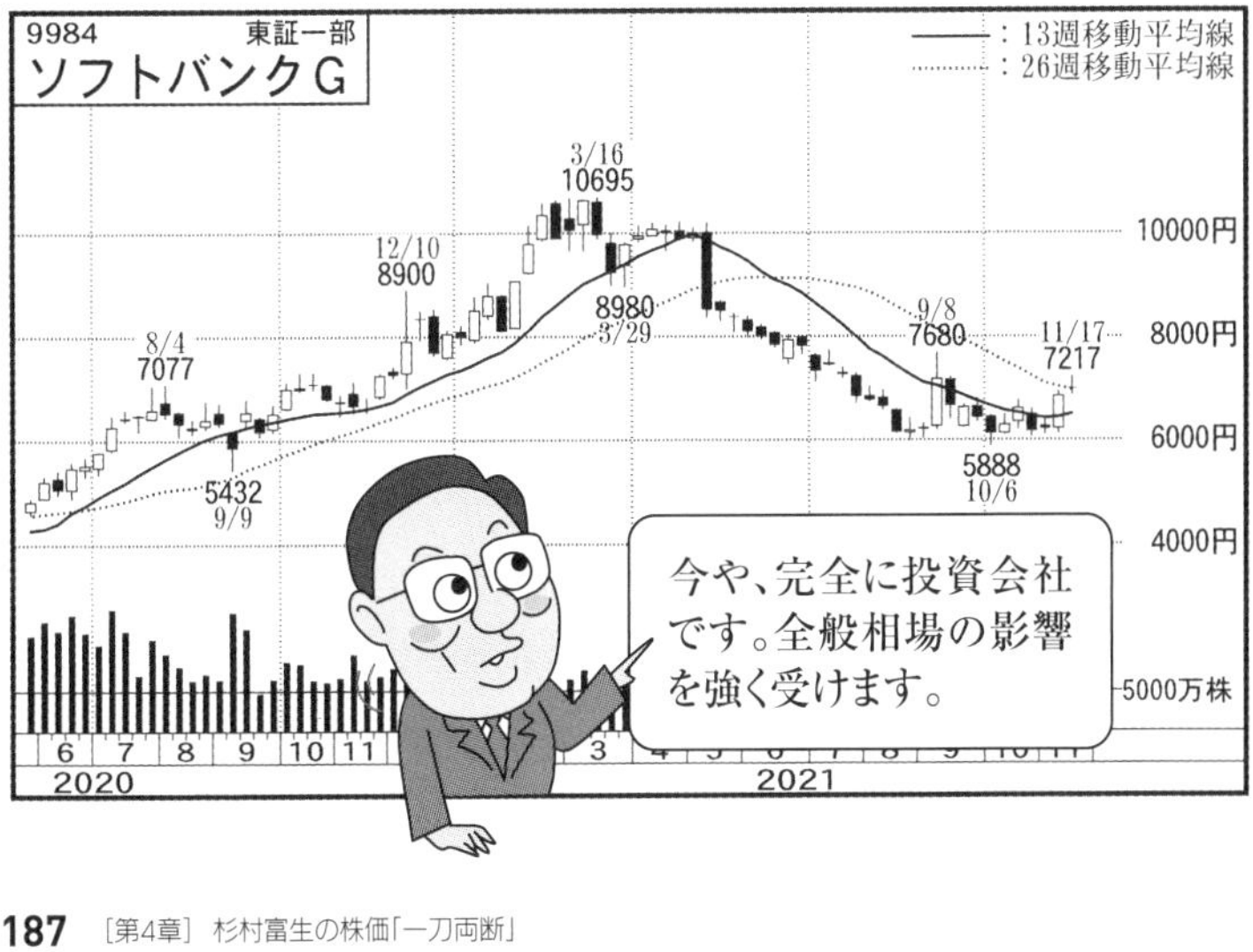

コラム 5

「選挙は水物」だが相場的にはチャンスとなる

2021年10月31に行なわれた総選挙では、大方の事前予測とは裏腹に、自民党が261議席（前回は276議席）の絶対安定多数を獲得した。公明党と合わせると293議席である。

ちなみに、絶対安定多数とされる261議席は、17ある衆議院の常任委員会において各委員長ポストを独占し、委員数でも野党を上回るため、与党による安定的な国会運営が可能となる。

このほか、獲得議席に準じた政治状況の目安としては、244議席の安定多数、233議席の過半数（これを下回ると首相の続投が難しくなる）がある。

与党が〝善戦〟した背景には、新型コロナウイルス感染者数の激減があろう。東京都の場合、同年8月13日には5,908名を数えた新規感染者が、投票当日には22人まで減少した。

本来であれば、この事実だけでも与党の優位は揺るがないのだが、これに追い打ちをかけたのが野党第1党である立憲民主党と共産党（選挙前に比べ合計15議席の減）の戦略ミスだろう。この連携は完全に裏目と出た。トヨタ自動車労組などの労働組合は反発し、連合の芳野友子新会長は不快感を表明した。

先の総選挙では「与党惨敗」とみた投機筋が大量に売り込んでいた。何しろ、カラ売り比率が54%を超える日があったほどだ。投票日の翌日（11月1日）は、この買い戻しがあって大幅高（日経平均株価は前日比755円高）になっている。

「選挙は水もの」という。実際、先の総選挙ではマスコミの多くが与党の苦戦、あるいは接戦を報じた。さて、参院選はどうなるのだろうか。一方、11月にはアメリカの中間選挙がある。中間選挙は与党（現在は民主党）に厳しい結果となろう。いずれにしても、2022年夏以降は政治（選挙）に振り回される状況を覚悟しておく必要がある。ただ、相場的には、常に波乱はチャンスとなる。

［最終章］

2022年の相場展望＆「市場別」勝負銘柄!

外部環境は日本市場に有利な展開となる
FRBのテーパリングは恐れる必要なし！

◈是正される中国の不動産投資ブーム、FRB議長の続投は安心材料

世界経済は日米欧ともにコロナショックを克服、急浮上に転じている。世界景気の回復は「輸出立国」の日本にとって、追い風となろう。

マーケットでは中国・恒大集団の経営危機（不動産バブルの崩壊？）、FRBのテーパリング（資産買い入れ額の縮小）開始などを懸念している。しかし、これらの問題は解決できる。したがって、過度に不安視するのは無用と判断する。

恒大集団は、最終的には破たん処理されるだろう。だが、これをきっかけに金融システム不安が起きる可能性は極めて低い。中国政府はバブルつぶしに狂奔し、その後の「失われた30年」の元凶となった日本政府、金融当局（日本銀行）の判断ミスを熟知している。したがって、そのような〝愚〟を繰り返すことはないだろう。

何事も行きすぎは是正される。ただし、ハードランディングはない。破たん処理は時間をかけて行なう方針である。

テーパリングについてはどうか。現在、FRBの総資産は8・5兆ドルに膨らんでいる。リーマンショック時の4兆ドルの2倍強の水準だ。資産の買い入れは10月まで国債を月に800億ドル、MBS（不動産担保証券）を同400億ドル、計1200億ドル買い入れてきた。コロナショックに対応した流動性の供給だが、これを月間150億ドル（国債100億ドル、MBS50億ドル）ずつ圧縮する。

総資産を急に減らすわけではない。これは、2022年7月（テーパリング終了）まで増え続ける。ゼロ金利の解除、利上げはそのあとだ。テーパリングと利上げは「別物」との感覚を身につけておく必要があろう。要するに、株式投資にとって絶妙な投資環境であるゴルディロックス（適温経済）は継続される。

筆者が不安材料として警戒していたのは、マーケットにやさしいパウエルFRB議長が2022年2月の任期をもって退任することだった。しかし、これは2021年11月下旬にパウエル議長の続投が決まった。これであと4年は大丈夫である。対抗馬だったブレイナード理事は、副議長に就任する。

これにより、とりあえず金融政策には大きな変更がなくなった。すでに、テーパリング、利上げのスケジュールに向けて時計の針は回り始めている。

◈政権の安定が株高を支援、「分配」よりも成長戦略、改革路線に軸足を！

古来、政治は経済を超える、という。そう、すべて政治が基本である。「失われた30年」の間の多くは、政治が安定しなかった。「首相の任期は1年」と酷評された時代もある。

それが2012年末の安倍晋三首相の登場以来、大きく変わった。菅義偉《すがよしひで》首相は短命だったが、コロナショックに直撃された面がある。しかし、ワクチン接種の手際の良さなどは称賛されてもよいと思う。何しろ、2021年のゴールデンウイーク直後のワクチン接種率は5％ほどにすぎなかったが、11月下旬には77％とアメリカなどを逆転している。

2021年10月4日に発足した岸田文雄政権は、同月31日投開票の総選挙に勝利（自民党は絶対安定多数の261議席を確保）、これが政権の安定につながっている。11月には、総額55・7兆円規模の大型経済対策が打ち出された。内容はともかく、買い安心感を与えるだろう。

政権の安定は、株高を支援する。ただし、岸田政権は「分配」よりも成長戦略、改革路線に軸足を置く必要がある。もちろん、新型コロナウイルス感染者数は激減、飲食・観光などサー

◉衆議院選挙（2021年10月31日投開票）後の議席

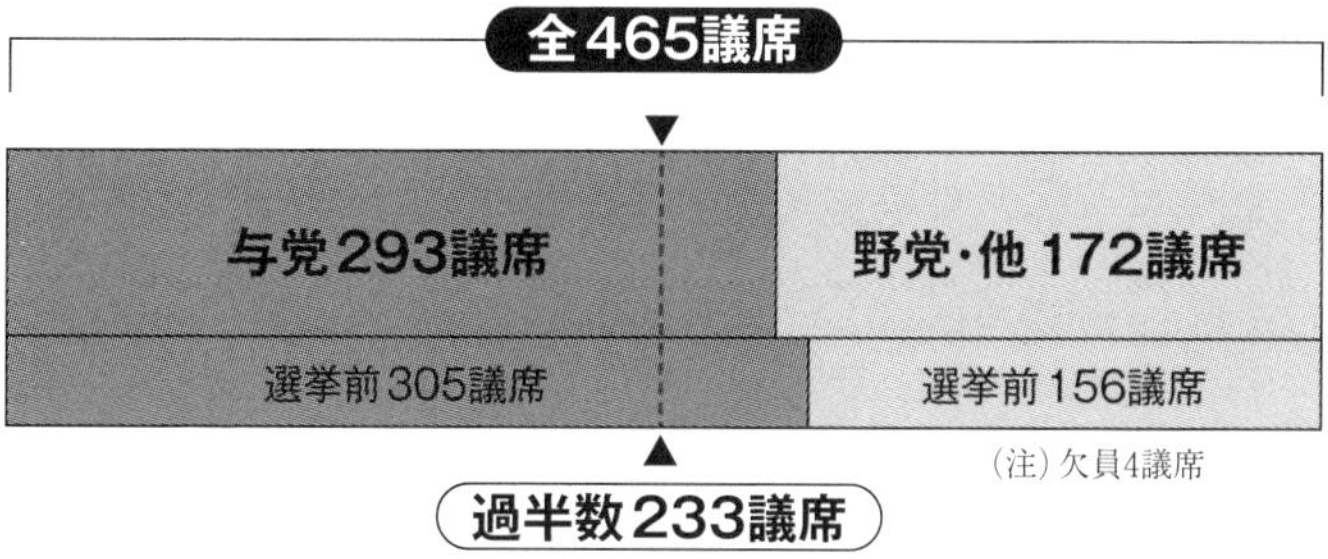

自民	公明	立民	共産	維新	国民	れ新	社民	無・他
261	32	96	10	41	11	3	1	10

（出所）NHK

ビス業の景況感は急改善に向かっている。経済の正常化は時間の問題である。

もとより、製造業は半導体、部品不足による減産があったものの、高水準の生産出荷を続けている。日経平均株価の１株利益は２０３０円前後と、コロナショック前の水準（１７５０円）を大幅に上回っている。これは、企業サイドがコロナショックを完全に克服したことを意味する。今後、イノベーションの進展とともに、ＥＶ（電気自動車）、リチウムイオン電池、半導体製造装置、関連部材などが伸び、収益に寄与するだろう。

繰り返しになるが、化学、鉄鋼、非鉄などの素材メーカー、機械、電装、海運、商社などの業績の伸長ぶりは目覚ましい。一気に、史上最高決算となる。

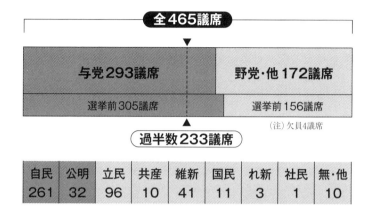

日経平均株価はPBR1・5倍の3万4600円を目指す
日本は参院選挙、アメリカは中間選挙が波乱要因となる

◈出遅れ修正の動きが期待できる2022年は「3万円のカベ」を突破する!

日経平均株価には「3万円のカベ」が存在する。情けない話である。1989年12月29日の史上最高値3万8915円は「遠い雲のかなた」に位置している。一方、NYダウは3万6000ドル台に乗せ、1989年末の水準(2753ドル)に対し13倍と〝青空圏〟を疾駆中だ。この差は大きい。いったい、どうしたことか。

しかし、日本市場はようやく出遅れ修正の動きを期待できる環境が整いつつある。現在、日経平均株価の1株純資産は2万3080円がらみだ。PBRは1・29倍前後にすぎない。ちなみに、NY市場(S&P500社ベース)は4・88倍、世界平均(MSCIベース)は3・11倍に評価されている。日経平均株価が世界平均並みに買われると、7万1500円になる。

ROE(自己資本利益率)の水準を考えると、PBR1・5倍(世界平均の約半分)の3

●日経平均株価(2022年)の予想イメージ

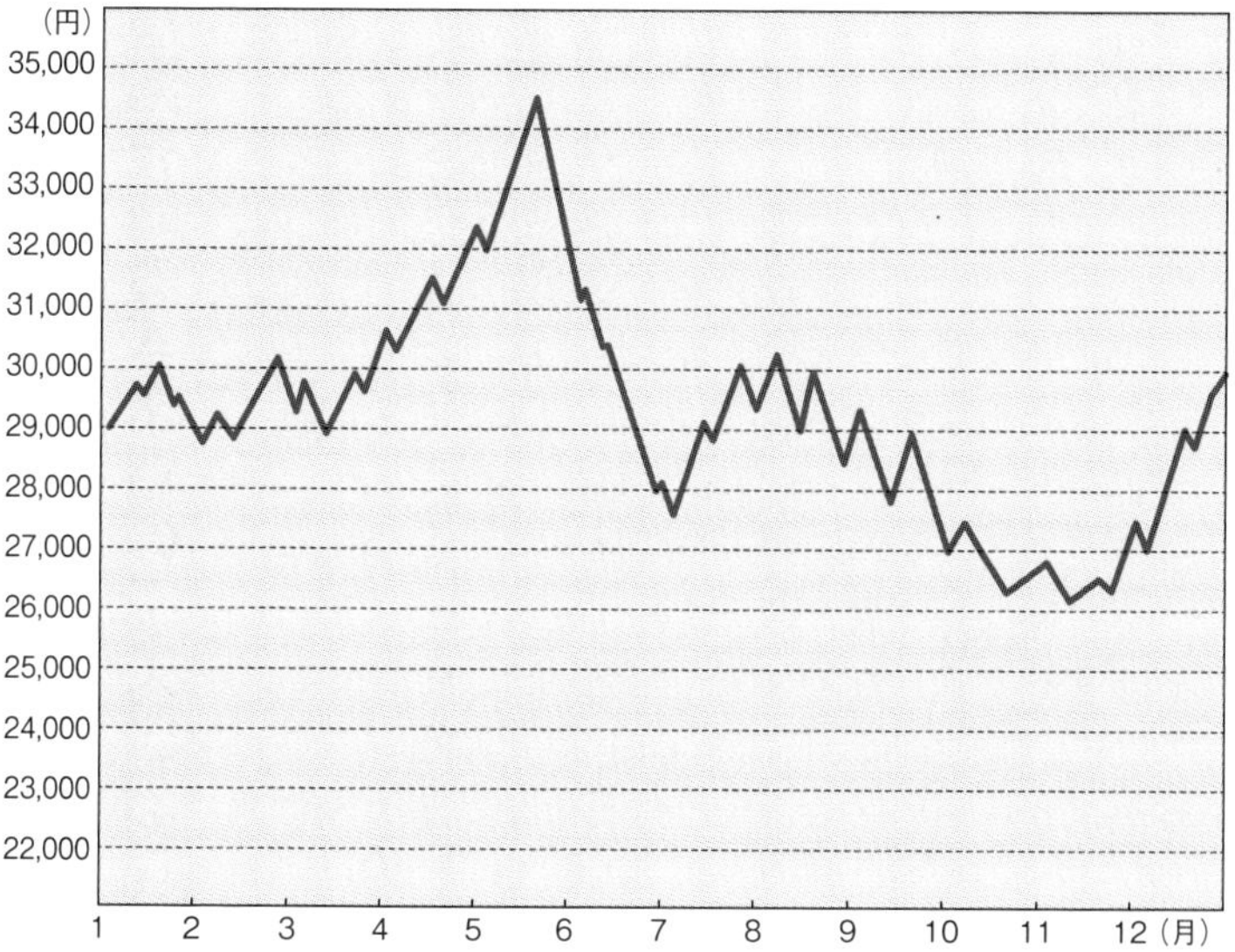

万４６２０円近辺は無理な注文ではない。これは、２０２２年５~６月にクリアできる、と考えている。７月には参院選挙がある。ここを無事に通過すれば一段高となろうが、与党が負けると政局不安が起こり得る。

そして、11月はアメリカの中間選挙だ。現在はトリプルブルー（大統領、上院、下院を民主党が制している）だが、共和党の巻き返しがあろう。したがって、ＮＹ市場は２０２２年の夏~秋に波乱が予想される。それと、国際マネーには「アメリカ一極集中」に反省ムードが台頭している、という。実際、内外の機関投資家が日本市場に注目し始めている。

期待される東証改革の目玉はプライム市場の創設！掉尾を飾る４市場の「本命」「対抗」「大穴」銘柄とは？

◈２０２２年４月より、プライム・スタンダード・グロースの３市場がスタート

東証（東京証券取引所）改革が動き始めている。ＮＹ市場（ナスダック市場を含む）の時価総額が54・5兆ドル（円換算約６２００兆円）に迫っているのに対し、東京市場の時価総額は７５０兆円にとどまっている。

かつて、東京市場の時価総額はＮＹ市場の１・５倍（６００兆円対４００兆円）だったこともある。しかし、今では誰も信じないだろう。

この背景には、企業サイドの株式の魅力を高める努力の欠如に加え、東証自身の営業努力不足、国の支援のなさ（「投資の時代」はかけ声ばかり）にあった。その１つ、東証改革がようやく始動する。立ち合い時間の延長（30分）もその一例だが、直近では市場区分の変更が目玉となる。

すなわち、2022年4月以降、現在の東証1部、東証2部、東証マザーズ、ナスダック（スタンダード、グロース）は、①プライム、②スタンダード、③グロースの3市場に再編される。

プライム市場は、グローバル企業を対象に流動株比率35％以上、流動株式時価総額100億円以上などを条件とする。これは、現在の東証1部より上場基準を厳しくすることで、選ばれた企業の質を高めることを狙いとしている。

また、スタンダード市場は、公開された市場における投資対象として十分な流動性とガバナンス水準を備えた中堅企業、グロース市場は高い成長性を有する市場にふさわしい新興企業を対象とする。

なお、プライム市場には、東証1部企業（約2200社）のうち、4割程度しか残れないのではないか、とみられている。東証は、2022年1月11日に各上場企業がどの市場を選んだかを公表する運びになっているが、それまでこの市場再編問題はマーケットの関心を集めるに違いない。すでに、〝合格〟企業には通知が届いている。

東証は、新市場の適合状況を対象企業に内示しているが、プライム市場に残れる企業と残れなかった企業の株価が市場再編をめぐって大きく動く可能性もある。この点、投資家は十分な注意を要する。

◈東証2部銘柄が大活躍した2021年、一段高が見込めるのはこの12銘柄！

東証の市場再編により、これまでの4市場は2022年3月でその役目を終える。名残惜しいような気持ちもするが、2021年の相場を振り返ると、4市場の騰落率には相当な差が生じている。

すなわち、東証1部全体の動きを示すTOPIX（東証株価指数）がプラス13・5％（1月4日の始値→直近終値＝以下、同じ）、東証2部の動きを示す東証2部総合指数が16・6％、東証マザーズの動きを示す東証マザーズ指数がマイナス4・7％、ナスダックの動きを示す日経ジャスダック平均株価がプラス7・7％となっている。

意外なことに（？）、指数的に最もパフォーマンスがよかった市場は東証2部であり、2020年に大きく上昇した東証マザーズは唯一、年初の数値を下回っている。手前味噌になるが、2021年の年末にすばる舎より刊行した拙著『ウイズコロナ→ポストコロナはこの「厳選株」で攻略せよ！』に掲載した12の勝負銘柄のうち、40％以上値上がりしたものは3銘柄あった。

ちなみに、最も成績のよかった銘柄は東証2部の**ファーマフーズ（2929）**だ。2021年の始値2071円が4月2日に3820円まで買われた（上昇率84・5％）。2番目も東証2部の**Abalance（3856）**で、同じく3980円が4月23日に7300円まで値上

●「市場別」勝負銘柄の2021年の値動き

市場	コード	銘柄	2021年始値（円）	直近株価（円）	上昇率（%）	予想（期待度）
東証1部	1605	INPEX	559	971	73.7	本命
	2427	アウトソーシング	1,367	1,592	16.5	対抗
	5698	エンビプロ・ホールディングス	705	2,311	227.8	大穴
東証2部	6668	アドテック プラズマテクノロジー	1,255	2,306	83.7	本命
	6245	ヒラノテクシード	2,170	3,110	43.3	対抗
	2404	鉄人化計画	264	559	111.7	大穴
東証マザーズ	7373	アイドマ・ホールディングス	3,430	10,410	203.5	本命
	5759	日本電解	1,900	4,745	149.7	対抗
	4169	ENECHANGE	2,770	5,420	95.7	大穴
ジャスダック	7808	シー・エス・ランバー	1,615	3,035	87.9	本命
	1407	ウエストホールディングス	3,703.8	6,280	69.6	対抗
	6337	テセック	886	2,463	178.0	大穴

（注）直近株価は2021年11月12日終値。上昇率は、2021年始値に対する直近株価の数値

がりしている（同83・4%）。そして、3番目は東証1部の**イビデン（4062）**だ。年初の4875円が11月4日に7060円まで上値を追った（同44・8%）。

このように、全般相場が低迷した場合でも大きく値を飛ばす銘柄が出現する。筆者が「市場別」の銘柄を重視してきた理由は、この点にある。

なお、今回も目標株価の目安として、手堅く20%以上の上昇が見込めるものを「本命」（★★）、30%以上の値上がりが期待できるものを「対抗」（★★★）、リスクはあるが40%以上の上昇を目論んでいるものを「大穴」（★★★★）とした。銘柄選びの参考にしていただければ幸いである。

東証1部
★★
本命
候補銘柄

ＩＮＰＥＸ（１６０５）

原油価格の高騰を受け、業績上方修正の国策会社

◇国際石油開発帝石が社名変更、筆頭株主は経済産業大臣

旧社名は国際石油開発帝石である。オーストラリア沖のＬＮＧプロジェクト「イクシス」では、66％の権益を有する。このほか、東チモール、アゼルバイジャン、カザフスタン、アラブ首長国連邦、アメリカなどでの天然ガス、石油の採掘事業を行なっている。

エネルギー小国の日本にとって、〝命綱〟的な存在だ。もちろん、国策会社である。筆頭株主は経済産業大臣で発行済み株式数の18・9％を保有しており、これほどの安心感はない。ＬＮＧは脱炭素（カーボンニュートラル）の流れを受け、各国が争って購入、奪い合いの状況である。

このため、スポット価格は前年比3～5倍に急騰している。同社は多くが長期契約だが、販売価格は原油価格にリンクする仕組みだ。その原油価格の前提は、1バレル＝65ドル（下半期）であり、２０２１年12月期の最終損益は１８５０億円の黒字となる（上方修正）。

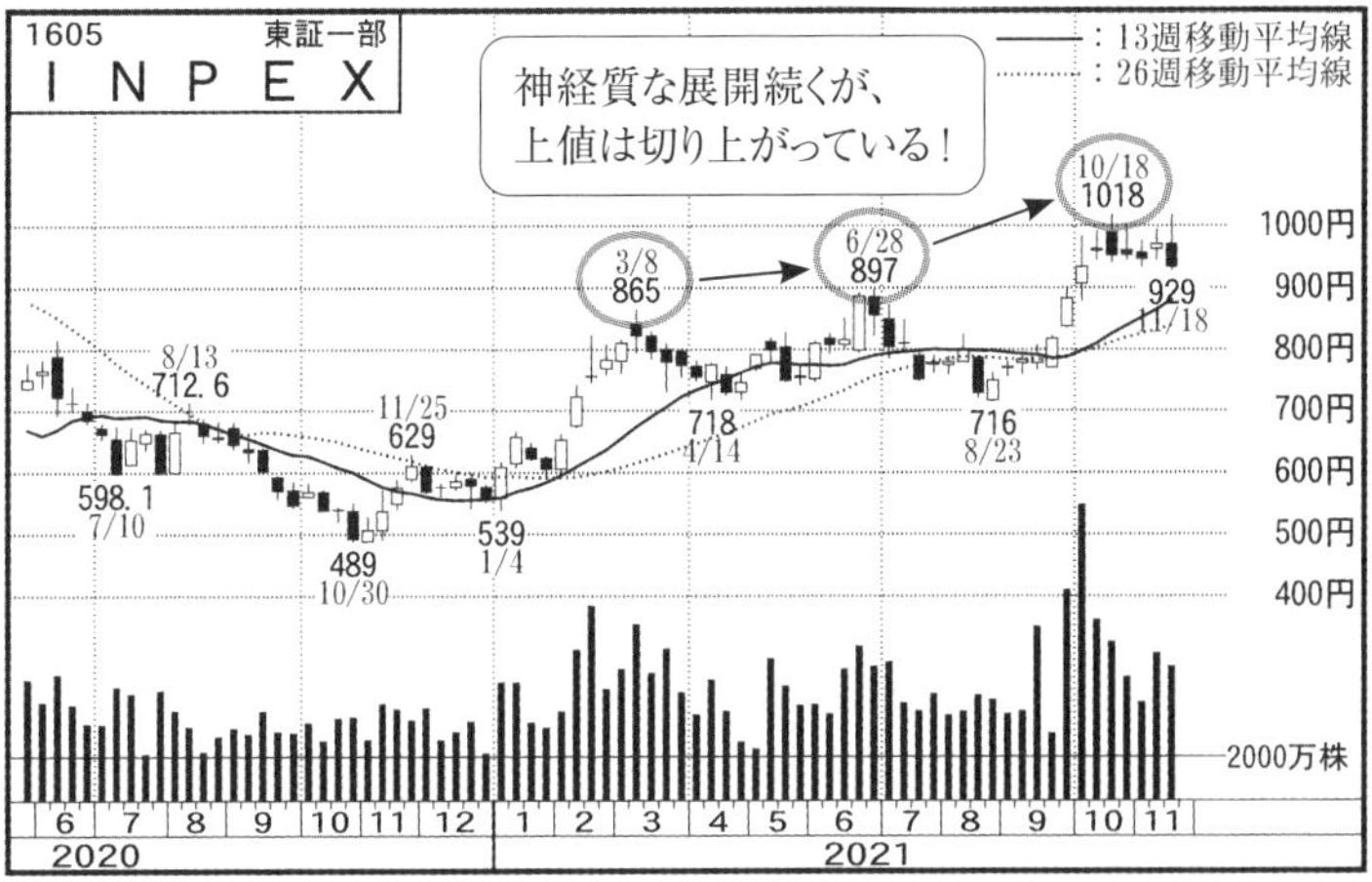

●**4ケタ台での活躍必至**　559円で寄り付いた2021年の株価は、年初の1月4日に539円まで売られた。しかし、この安値を起点として、以後、3月8日の865円→6月28日の897円と上値を切り上げた。8月23日には716円まで反落したが、原油価格の上昇を背景に10月18日には1,018円と4ケタ台に乗せている。

■売買単位：100株

直近株価＝971円 ➡ 2022年の目標株価＝1,165円

■データ

▶5年来高値＝**1,529円**(18/1)	▶5年来安値＝**489円**(20/10)
▶予想配当利回り＝**4.1%**	▶予想PER＝**7.7倍**
▶利益剰余金＝**1.641兆円**	▶有利子負債＝**1.196兆円**

東証1部
★★★
対抗
候補銘柄

アウトソーシング（2427）
スピード感あふれる経営を評価、出直り相場有望！

◇M&Aを積極化、2021年12月期は営業利益が75%増益の251億円に

工場製造ライン向けの人材（生産要員、技術者）派遣がメインビジネスである。海外売上高比率が47%と高いのが特徴だ。在日米軍関係の仕事を手がけている。このところM&Aを積極的に推進、業容の拡大を行なっている。2021年1～6月のM&A件数は、アイルランド最大の人材サービス会社「CPLグループ」の買収をはじめ、6社に達する。

要するに、スピード感あふれる会社だ。2021年12月期は、第2四半期決算時点で売上高が前期比44・0%増の5280億円、営業利益が75・1%増の251億円を見込んでいる。純利益は前期比3・9倍の128億円、1株利益は102円（前期は26円）を予想している。

海外事業のウエイトが大きいだけに、円安はプラスとなろう。さらに、コロナ禍のリオープニング関連として内外の製造現場が活気を取り戻しているほか、近年注力してきたIT関連、セキュリティ、医療分野、電気工事などの収益寄与もあろう。

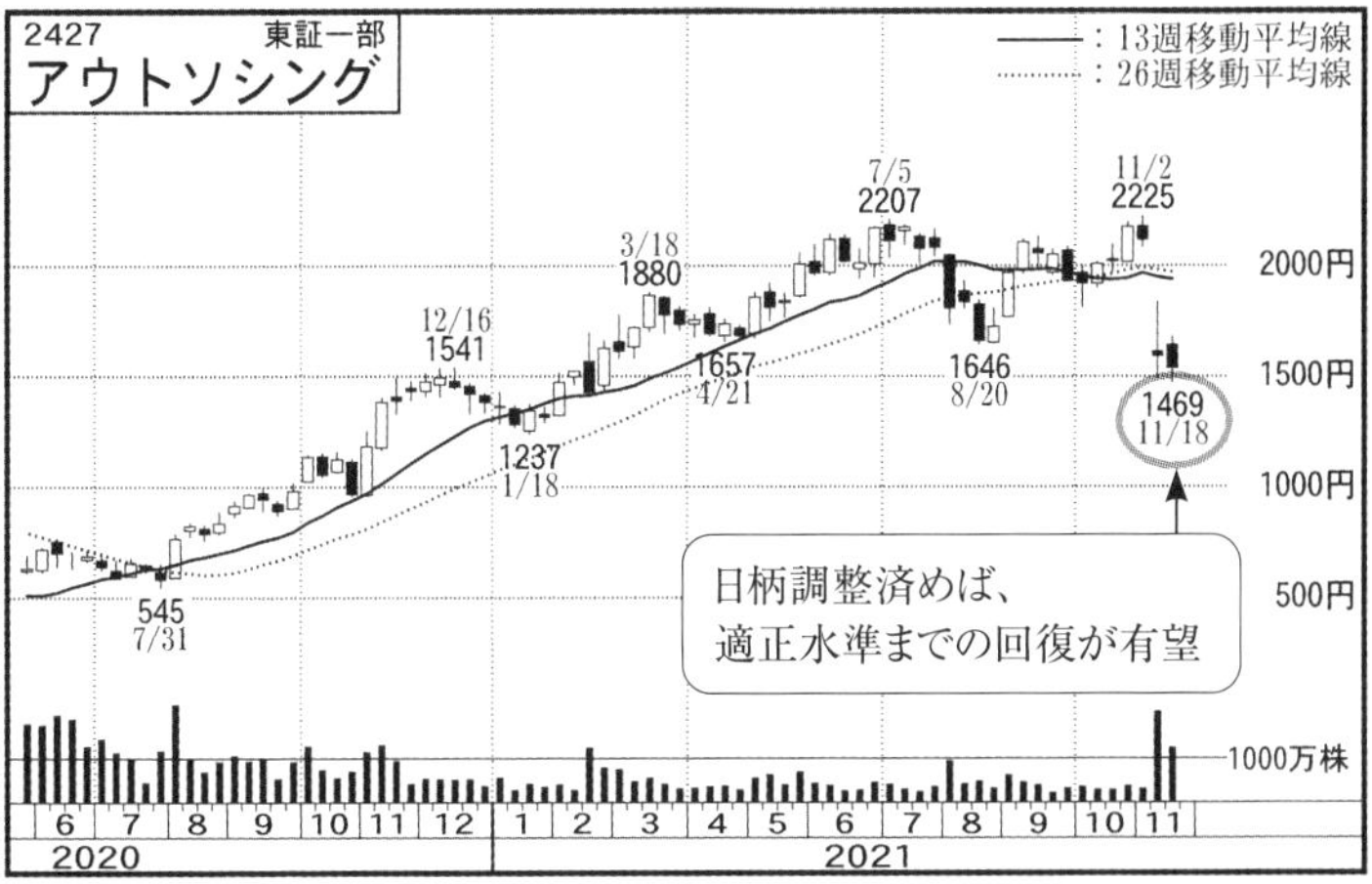

●上昇トレンド継続で一段高濃厚　2021年の株価は1,367円でスタートし、1月18日の1,237円で底打ち。その後は、長短2本の移動平均線に支えられる形で、上値を切り上げた。11月2日には2,225円まで買われたが、その後、子会社の会計処理をめぐる問題がイヤ気され急落した。ただ、この問題が片付けば、売られすぎの水準訂正高が見込める。

■売買単位：100株

直近株価＝1,592円 ➡ 2022年の目標株価＝2,070円

■データ

▶5年来高値＝**2,483円**(18/7)　▶5年来安値＝**348円**(20/3)

▶予想配当利回り＝**1.9%**　▶予想PER＝**15.7倍**

▶利益剰余金＝**303.9億円**　▶有利子負債＝**1,199.7億円**

東証1部

★★★★

大穴

候補銘柄

エンビプロ・ホールディングス（5698）

連続最高益を背景にダイナミックな上昇相場を形成中

◇環境意識の高まりとともに資源循環ビジネスの拡大続く

建築廃材、廃車となった車などを収拾し、鉄くず（スクラップ）などに分別加工する業務を行なっている。仕向け先は韓国など海外が多い。輸出比率は51％に達する。

地球環境にやさしい脱炭素の取り組みにも積極的だ。すでに、生産ラインに使う電力の95％が再生可能エネルギーとなっている、という。

ＥＶ（電気自動車）用リチウムイオン電池の再資源化研究では、ＪＡＥＡ（日本原子力研究開発機構）発のスタートアップ企業と提携、希少金属（レアメタル）を回収する際のコスト低減を目指している。

業績は好調だ。コロナ禍の克服（数量増）、鉄鋼市況の上昇を背景に、２０２１年6月期は20・8％増収、１４７・８％増益を達成した。１株利益は１０１円だった。２０２２年6月期は31・9％増収、30・7％増益を見込む。１株利益は１３２円となる。連続最高益である。

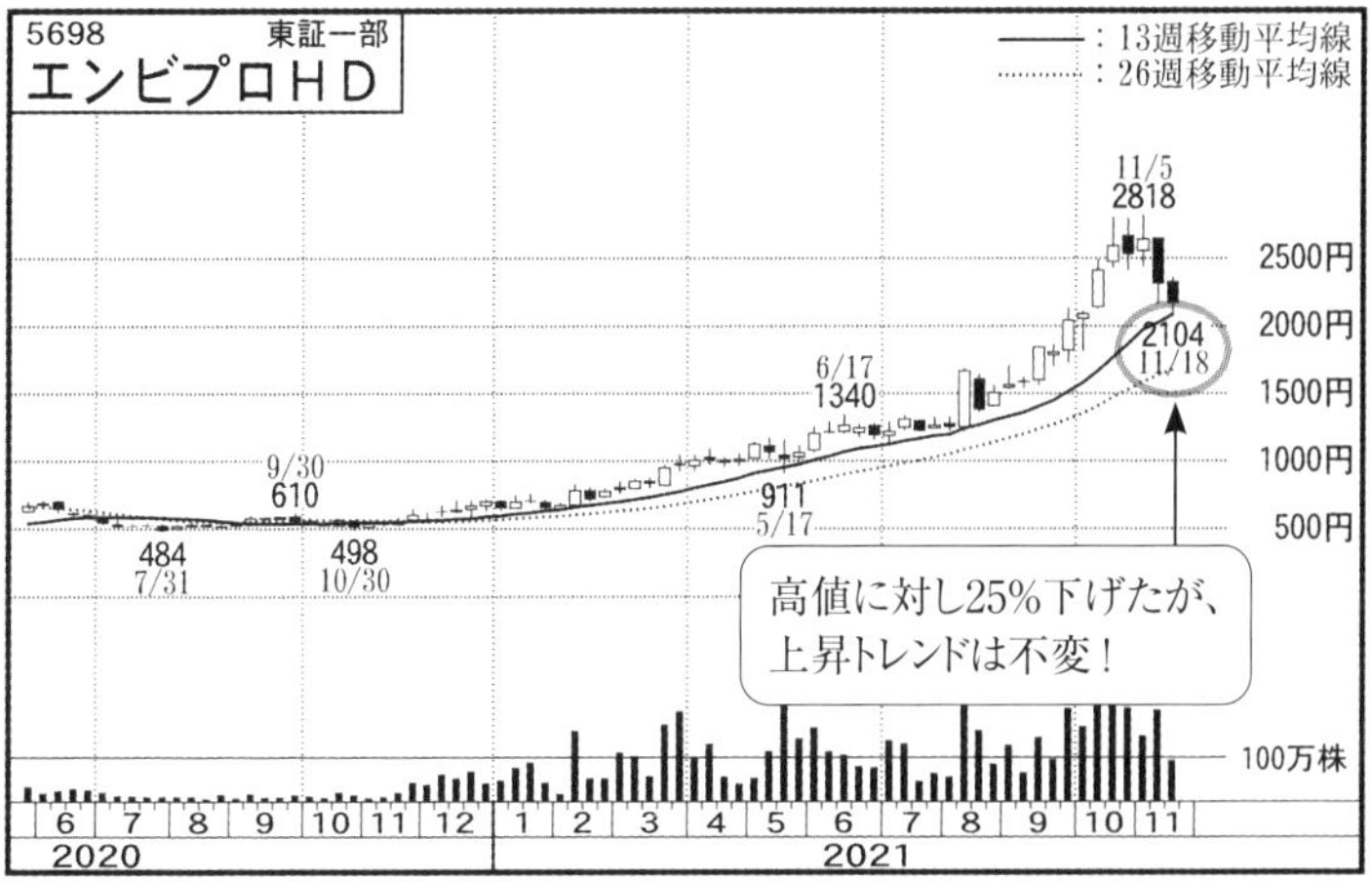

●**押し目形成後の切り返しが有望**　チャートが示すとおり、雄大な上昇相場が続いている。2020 年の 11 月最終週に移動平均線の 13 週線と 26 週線がゴールデンクロスして以来、まれに見る上値追いの展開となった。2021 年の 11 月 5 日には 2,818 円まで買われている。デフレ下において、2 ケタ増収を続ける成長力は、株価面での評価につながるだろう。

■ 売買単位：100 株

直近株価＝**2,311**円 ➡ **2022年の目標株価＝3,230**円

■データ

▶5年来高値＝**2,818円**(21/11) ▶5年来安値＝**287.5円**(17/1)

▶予想配当利回り＝**1.4%** ▶予想PER＝**17.5倍**

▶利益剰余金＝**96.5億円** ▶有利子負債＝**79.6億円**

東証2部
★★
本命
候補銘柄

アドテック プラズマ テクノロジー(6668)

2期連続大幅増収増益が注目される半導体・液晶関連企業

◇2022年8月期の1株利益は前期の102円が175円に

半導体・液晶製造関連のプラズマ用高周波電源装置の大手である。栃木の小会社(IDX)は研究機関、大学向けを手がけている。売上高の90%が半導体・液晶関連分野だ。残りの10%は研究機関、大学向けとなっている。海外売上高比率は36%、最近の円安は追い風となる。

足元の業績は好調である。主力の半導体関連が旺盛な設備投資意欲を受けるとともに、ロジック、メモリー、パワーデバイスなど多方面が伸び、人件費負担、償却費などのコストアップ要因を吸収できているという。

2021年8月期は前々期の17・9%増収、84・3%増益に続いて12・1%増収、34・9%増益を達成、1株利益が102円(前々期は76円)となった。配当は2円増の12円とした。この増益率は評価できる。2022年8月期は43・7%増収、71・4%増益を見込んでいる。1株利益は175円となる。売上高はこの3年間に6割強増え、利益は2・3倍である。

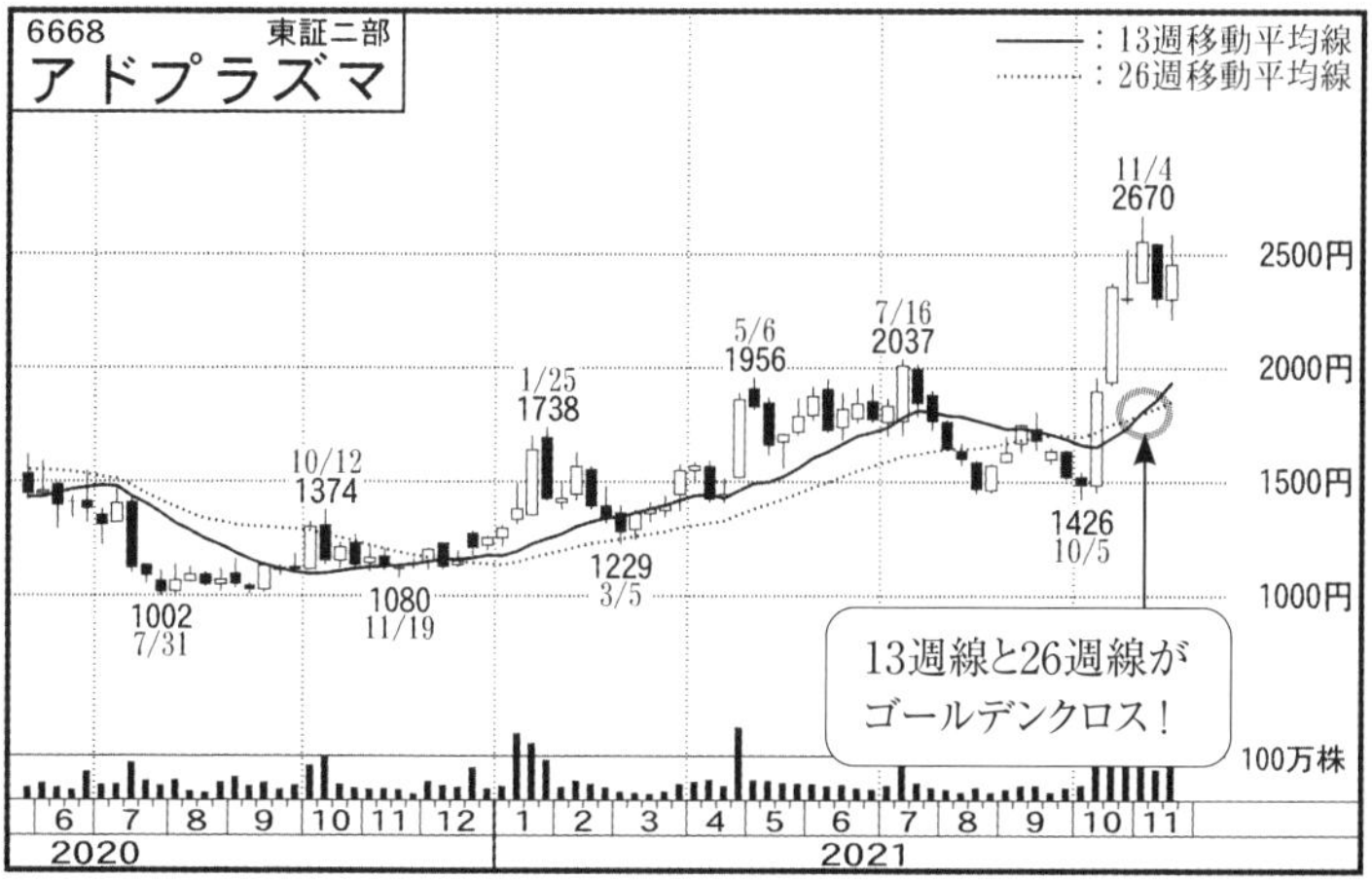

●**業績に裏付けられた株高続く**　2021年は1,255円で始まり、7月16日に2,037円まで上値を追った。その後10月5日には1,426円まで売られたが、同月13日に発表された決算予想がポジティブ・サプライズとなり、11月4日には2,670円まで急騰している。業績に裏付けられた上場来高値の更新だけに、今後も一段高が期待できる。

■ 売買単位：100株

直近株価＝**2,306**円 ➡ **2022年の目標株価＝2,770**円

■データ

▶5年来高値＝**2,670円**(21/11)　▶5年来安値＝**602円**(19/6)

▶予想配当利回り＝**0.5%**　▶予想PER＝**13.2倍**

▶利益剰余金＝**49.1億円**　▶有利子負債＝**42.4億円**

東証2部
★★★
対抗
候補銘柄

ヒラノテクシード(6245)
EV(電気自動車)時代の追い風を受ける高技術企業

◈リチウムイオン電池の電極塗工システムを中心に受注急拡大

液晶、有機EL向けをはじめとするリチウムイオン電池向け電極用塗工(コーティング)では、世界トップクラスの納入実績を誇る。リチウムイオン電池の電極塗工システムは、同じく東証2部上場の**テクノスマート(6246)**、それと非上場の東レエンジニアリングのみ。このため、受注殺到の状態という。何しろ、EV(電気自動車)時代を迎え、欧米諸国、そして日本は車載用リチウムイオン電池の中国依存度(約8割)を下げようと必死である。**トヨタ自動車(7203)**は3800億円を投じ、アメリカに新工場を建設する。

ヨーロッパでは20カ所以上の巨大電池工場の建設が進行中だ。アメリカのバイデン政権は国内の電池生産をバックアップする構えである。この結果、業績は高水準での推移となろう。

1株利益は2021年3月期が119円だったが、2022年3月期は206円と予想されている。配当は連続増配(37円→56円)に進む。

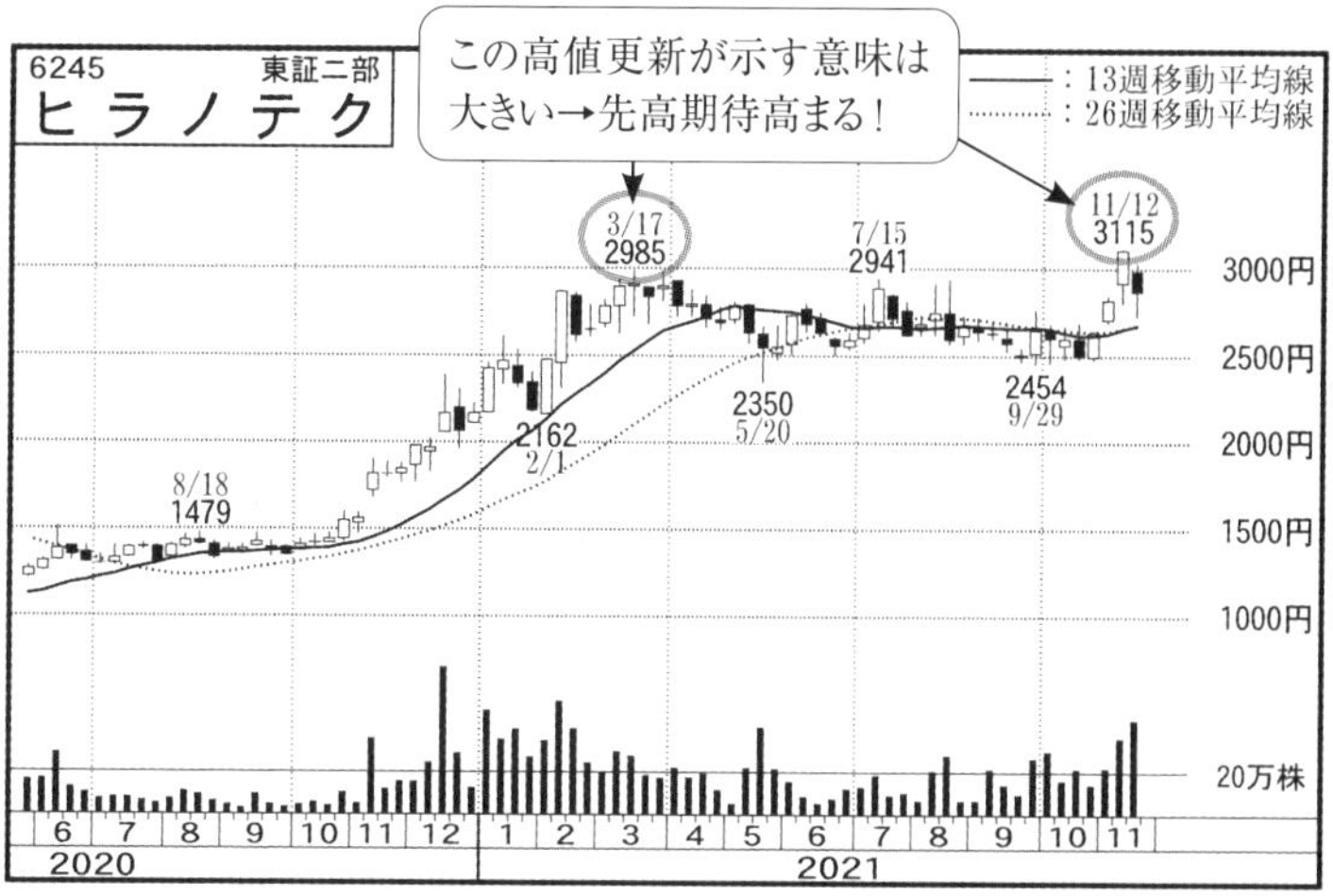

●ボックス抜け後の一段高を狙う　2,170円でスタートした2021年の株価は、3月17日に2,985円まで買われた。しかし、その後は5月20日の2,350円～7月15日の2,941円の間で往来相場が続いた。全般相場とは異なる動きだが、11月1日には窓をあけて上げており、12日には3,115円と高値を一気に更新した。ここは積極的に攻めたいと思う。

■ 売買単位：100株

直近株価＝**3,110**円 ➡ **2022年の目標株価＝4,040**円

■データ

▶5年来高値＝**3,400円**(18/1)　▶5年来安値＝**960円**(20/4)

▶予想配当利回り＝**1.8%**　▶予想PER＝**15.1倍**

▶利益剰余金＝**289.1億円**　▶有利子負債＝**9.9億円**

東証2部
★★★★
大穴
候補銘柄

鉄人化計画(2404)
コロナの克服とともに急騰相場がスタート

◇最悪期を脱し、2022年8月期は黒字転換の公算大

コロナショックに直撃された企業である。首都圏を中心に「カラオケの鉄人」を運営している。アニメ、ゲームとのコラボ、外食とのシナジー効果を得意とする。

売上高構成比はカラオケ・飲食が94%、メディア・コンテンツ企画が2%などとなっている。コロナ禍では休業、時短営業が続いた。2020年8月期は22・8%減収、15億8000万円の最終損益になったほど。これはやむを得なかったと思う。

しかし、2021年8月期の最終損益は2億8100万円の赤字に縮小、2022年8月期は黒字転換の見通しにある。緊急事態宣言は解除され、時短要請は撤回されている。今後は店舗の賃料値下げ効果に加え、まつげエステ、ラーメン店などの新業態が寄与するだろう。

2021年8月末には資本準備金、資本金を取り崩し、繰り越し赤字を一掃した。まさに、コロナの克服とともに新しいスタートである。

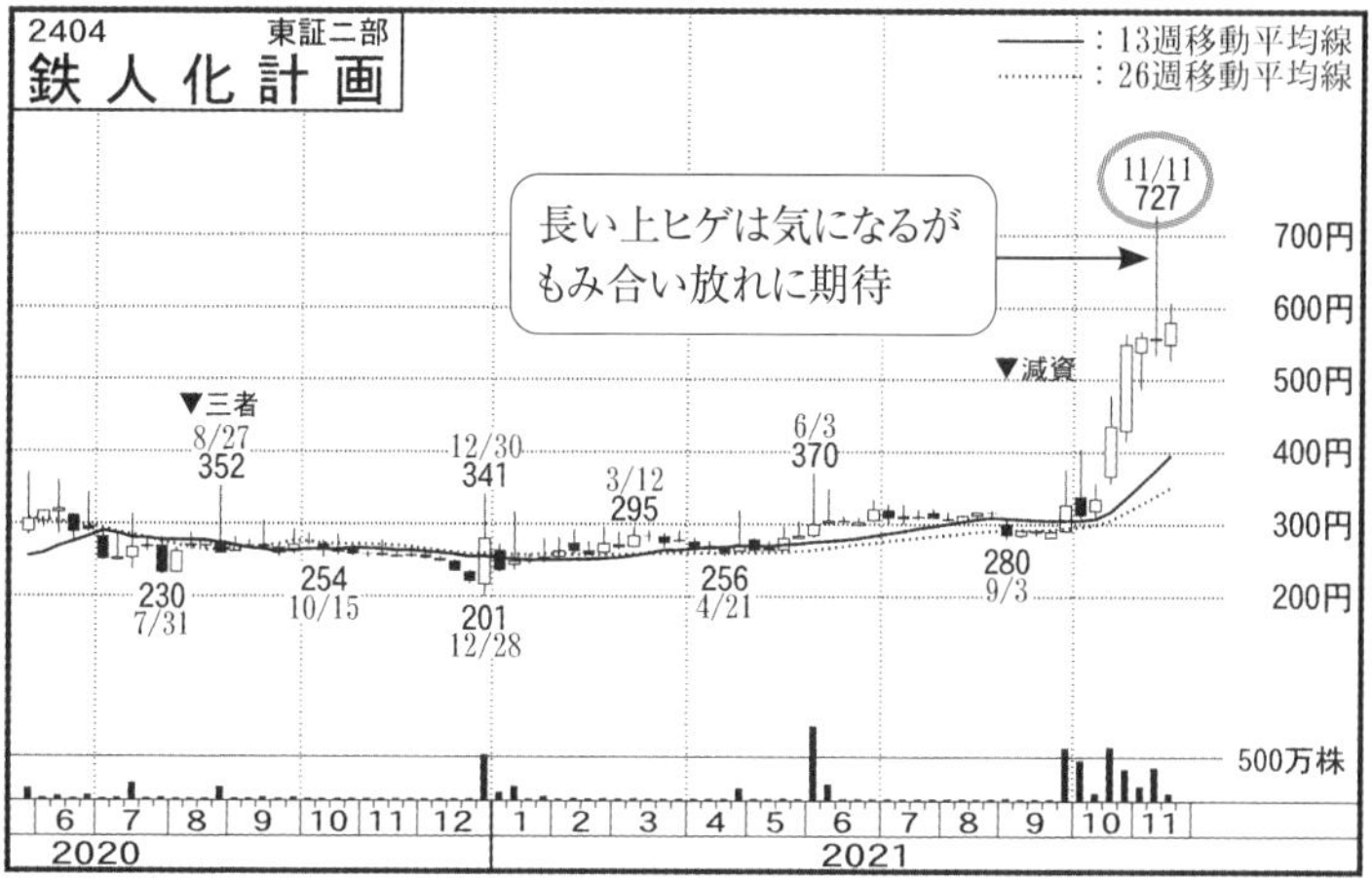

●相場つきが一変、新ステージ入り　新型コロナウイルスの感染者が相次いだカラオケ店を主力とするだけに、2021年の株価は1月6日に234円まで売られた。しかし、緊急事態宣言解除後は徐々に勢いを取り戻し、10月15日の決算発表後は相場つきが一変している。11月11日には727円まで買われているが、理外の理的な相場となろう。

■ 売買単位：100株

直近株価＝559円 ➡ 2022年の目標株価＝780円

■データ

- ▶5年来高値＝727円(21/11)　▶5年来安値＝131円(20/4)
- ▶予想配当利回り＝無配　▶予想PER＝――
- ▶利益剰余金＝▲13.9億円　▶有利子負債＝35.6億円

東証マザーズ
★★
本命
候補銘柄

アイドマ・ホールディングス(7373)

業績急拡大、株価続伸が期待されるニューフェイス

◇中小企業向け営業支援が好調、今期は5割を超える大幅増収増益に

中小企業向け営業支援ツールの開発・活用、就労支援サイトの運営などを行なっている。今話題のDX(デジタルトランスフォーメーション)関連企業である。

主力の次世代型営業支援プラットフォーム「Sales Platform」は日本全国860万件以上の法人データベースを駆使、営業の自動化ツールを一元管理できる。

このほか、データプラットフォーム「BIZMAPS」、オンラインミーティングの「meet in」、求人プラットフォーム「ママワークス」などを有する。売上高構成比はSales Platformが82%、ママワークスが11%、meet inが7%となっている。

業績は急成長を続けている。増収率は2020年8月期が41・3%、2021年8月期が103・1%、2022年8月期が53・4%と大幅増の見通しにある。今期の1株利益は、98円(前期は72円)となろう。

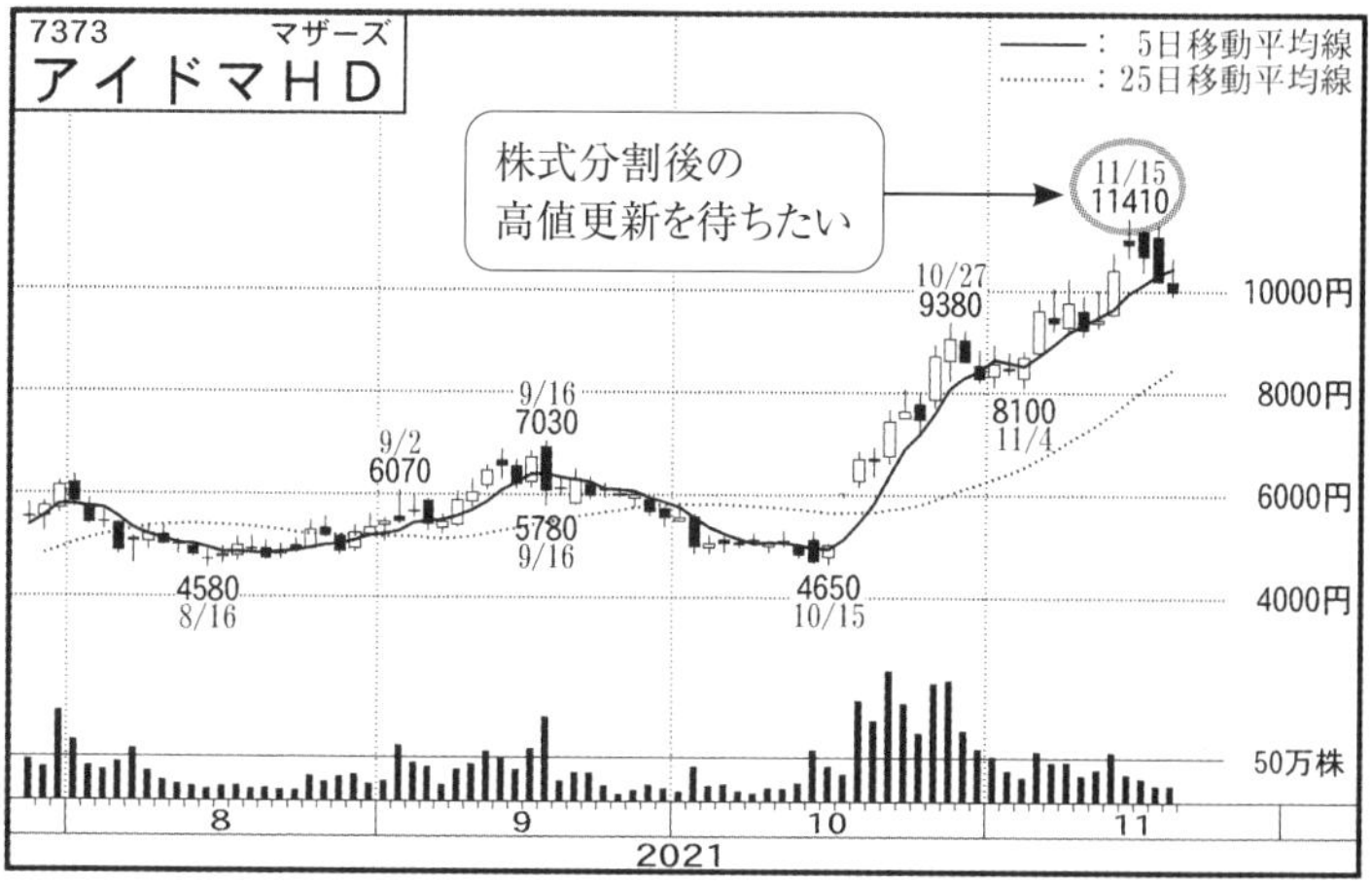

●株式分割後の一段高が有望　2021年6月23日に新規上場、初値の3,430円が翌24日に2,980円まで下げたが、その後は順調に上値を切り上げた。9月16日に7,030円まで買われたあと、10月15日に4,650円まで急反落したが、この日に発表された好決算によって、11月15日には11,410円まで急騰している。なお、1対2の株式分割が予定されている。

■ 売買単位：100株

直近株価＝**10,410**円 ➡ **2022年の目標株価＝12,490**円

(注)下記の5年来高値・安値とも株式分割前の価格

■データ

- ▶5年来高値＝**11,410円**(21/11)
- ▶5年来安値＝**2,980円**(21/6)
- ▶予想配当利回り＝**無配**
- ▶予想PER＝**106.7倍**
- ▶利益剰余金＝**8.8億円**
- ▶有利子負債＝**4.5億円**

東証マザーズ
★★★
対抗
候補銘柄

日本電解（5759）
EVなど時代の波に乗る電解銅箔のトップメーカー

硫酸銅を主成分とする電解液を電気分解し、金属銅を薄膜状態に生成させ、加工する電解銅箔事業を営んでいる。すなわち、テーマ性、時流に乗った企業である。

現在、電解銅箔はＥＶ（電気自動車）、半導体、５Ｇ（次世代通信網）など幅広い分野に使われている。リチウムイオン電池、５Ｇスマホ、５Ｇ基地局、回路基盤用などだ。売上高のほとんど（ほぼ１００％）がこれらの最先端業界向けとなっている。

海外売上高比率は22％だが、今後はアメリカ子会社の寄与が見込め、急上昇するだろう。車載電池用銅箔のシェアは国内が56％、アメリカが40％に達する。

◇最先端業界中心のユーザーは超繁忙で2ケタ増収益続く

業績は絶好調だ。２０２２年3月は39・１％増収、純利益は8億４３００万円（前期は１億９３００万円）と激増する。１株利益は１１６円がらみとなる。来期も2ケタ増収益は間違いない。何しろ、主力ユーザーは軒並み超多忙である。

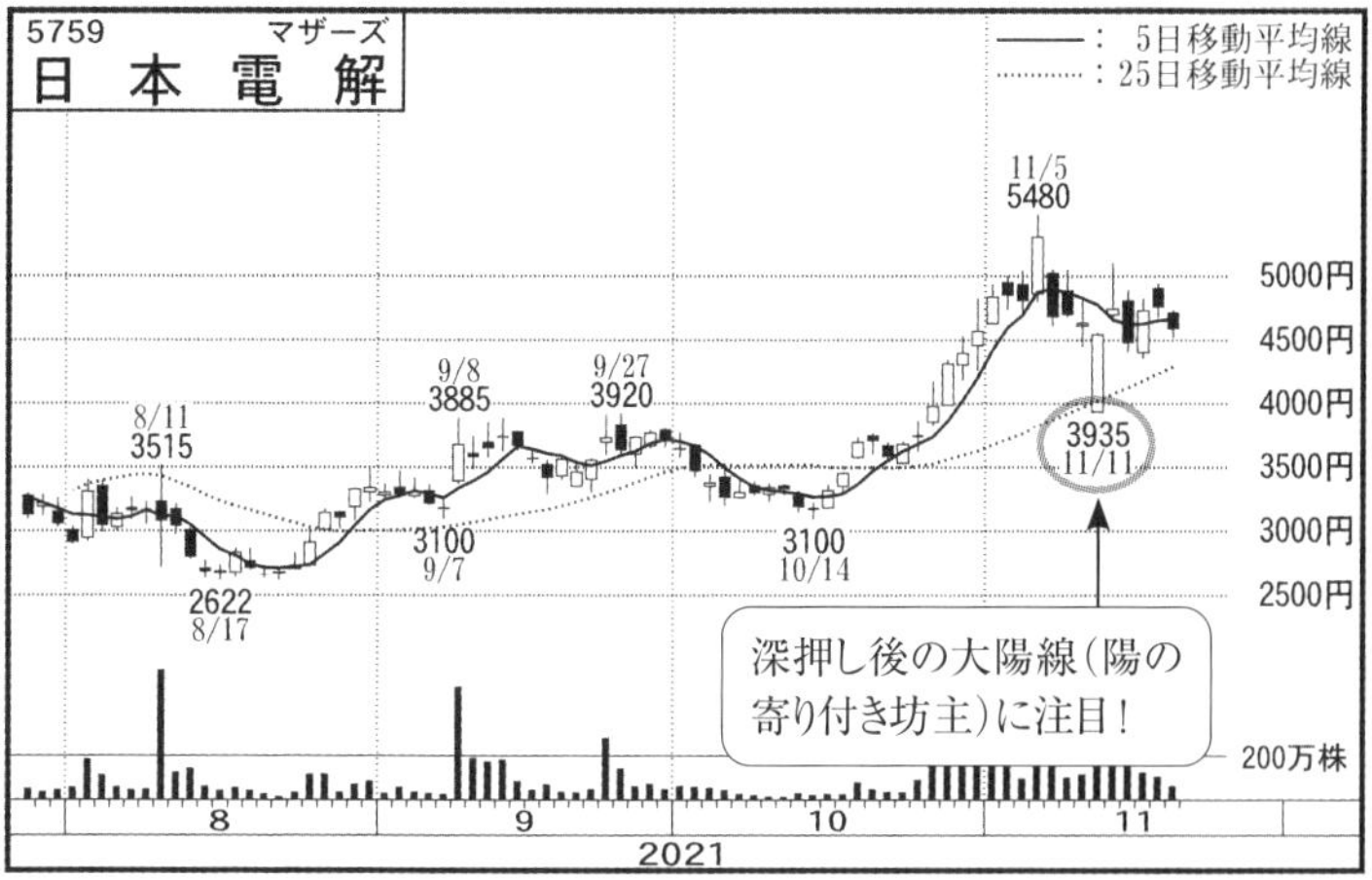

●**市場の関心高く先行き有望**　2021年6月25日に新規上場したニューフェイスだが、1,900円の初値をつけた翌営業日にいきなりストップ高となり、2,367円まで買われた。実に派手なスタートを切ったわけだが、これは高値追いの号砲にすぎなかった。11月4日には節目となる5,000円台の大台に乗せており、今後の展開が一段と楽しみである。

■ **売買単位：100株**

直近株価＝4,745円 ➡ 2022年の目標株価＝6,160円

■**データ**

▶5年来高値＝**5,480円**(21/11)　▶5年来安値＝**1,810円**(21/6)

▶予想配当利回り＝**無配**　▶予想PER＝**40.7倍**

▶利益剰余金＝**24.4億円**　▶有利子負債＝**58.1億円**

東証マザーズ
★★★★
大穴
候補銘柄

ENECHANGE（4169）
脱炭素推進の追い風を受けるエネルギー関連企業

◇M&Aで同業他社を子会社化、シナジー効果の公算大

社名が物語っているように、電力・ガス切り替えプラットフォームの運営、電力・ガス会社用クラウド型DX（デジタルトランスフォーメーション）サービスなどの提供を行なっている。売上高構成比率は、エネルギープラットフォーム58％、エネルギーデータ事業42％だ。電力・ガスビジネスの自由化、脱炭素（カーボンニュートラル）の動きは追い風となろう。さらに、アメリカ企業の蓄電池搭載型EV（電気自動車）用急速充電器の国内販売を開始している。

このほか、エネルギー革命の軸となる自由化、デジタル化、脱炭素化、分散化に意欲的に取り組み、2021年10月にはオーベラス・ジャパンの株式を取得した。未来投資である。

足元の業績は、まだ低空飛行だ。2021年12月期の1株利益は先行投資負担があって3円程度、2022年12月期は4～5円にとどまる見通しである。しかし、2021年12月期の売上高は前期比51・8％増と順調に伸びている。

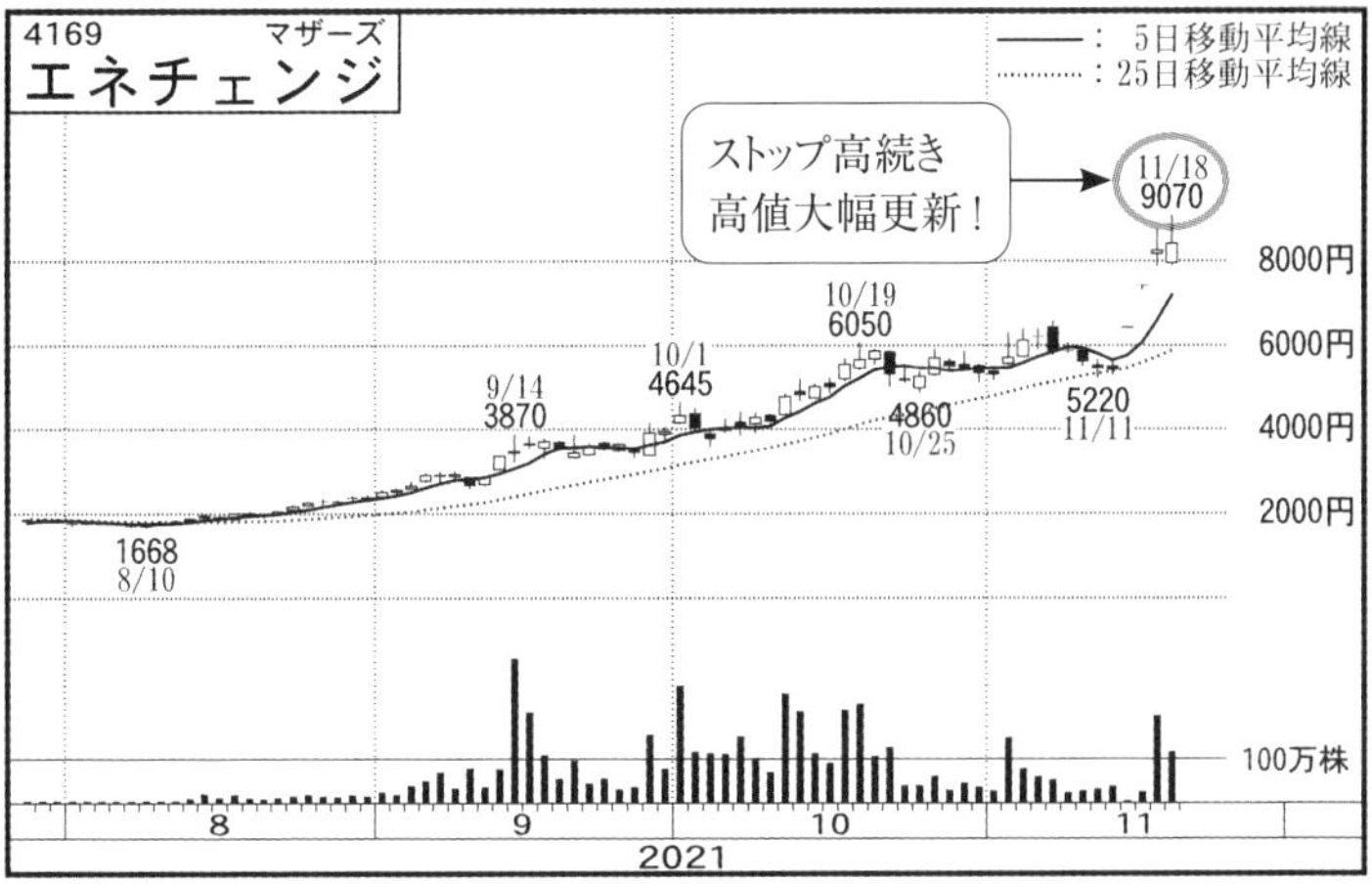

●**積極経営を評価する動きが継続**　2011 年に発生した東日本大震災をきっかけに設立されたという同社は、2020 年 12 月 24 日に新規上場を果たす。同日、1,200 円の初値をつけたあと 1,062.5 円まで売られたが、その後は一度もこの安値を下回ることなく堅調に推移した。特に、オーベラス・ジャパンを子会社化した以降は値動きに弾みがついている。

■売買単位：100 株

直近株価＝**5,420**円 ➡ **2022年の目標株価＝7,580**円

■データ

▶5年来高値＝**9,070円(21/11)**	▶5年来安値＝**1,062.5円(20/12)**
▶予想配当利回り＝**無配**	▶予想PER＝ ――
▶利益剰余金＝**▲9.6億円**	▶有利子負債＝**7.6億円**

ジャスダック
★★
本命
候補銘柄

シー・エス・ランバー（7808）

木質系住宅の販売好調を背景に受注・業績ともに急拡大中

◈2022年5月期の経常利益は前期の13億円強が22～24億円に

木材プレカットの大手である。在来工法、2×4工法ともに対応している。千葉県が地盤だが、東京都、埼玉県にも展開中だ。売上高構成比率はプレカットが72％、建築請負が22％、不動産賃貸が4％などとなっている。

現状は住宅建築ラッシュだ。木材市況の高騰は痛しかゆし（価格転嫁が難しい）だが、マイナスではない。地球環境にやさしい木質系住宅の販売促進は追い風だろう。

業績は好調だ。2022年5月期の第2四半期は売上高が112億6000万円（当初計画は89億円）、経常利益が15億円（同6億円）と予想を大きく上回った。通期予想は売上高が220～240億円（前期は162億6900万円）、経常利益は22～24億円（同13億4300万円）を見込んでいる。1株利益は754～820円となる。配当については、30円増の80円を行なう。この高収益、大幅増配はもっと評価されていいと思う。

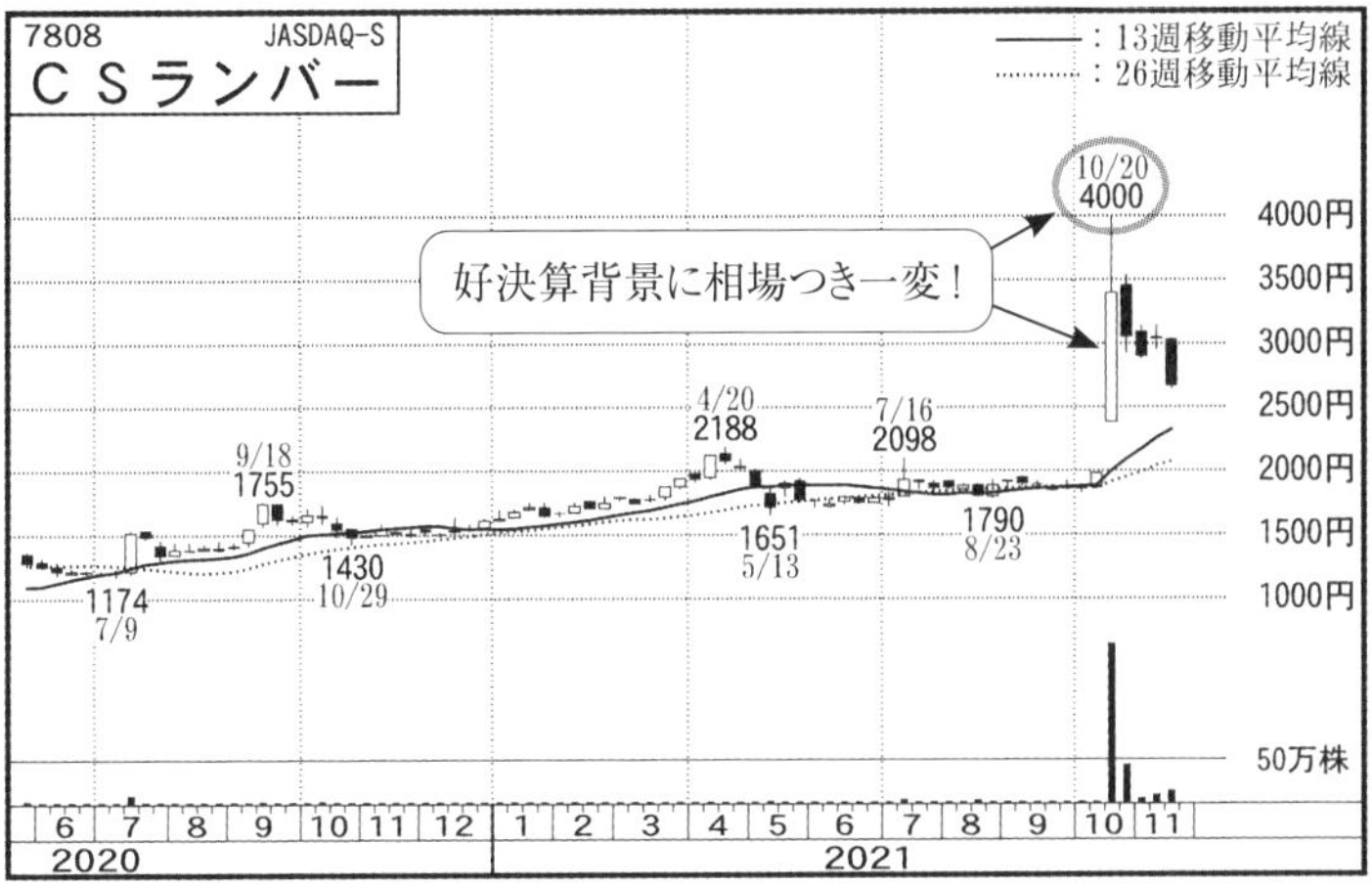

●通期業績予想を再評価する動きに期待　2021年は1,615円でスタートしたあと、4月20日に2,188円まで上値を切り上げたが、その後は下値1,651円〜上値2,098円の間でもみ合い商状となった。この往来相場に終止符を打ったのは、10月15日に発表された決算数字である。木材不足など懸念材料は残るが、急騰一服後の再騰が期待できる。

■売買単位：100株

直近株価＝3,035円 ➡ 2022年の目標株価＝3,640円

■データ

- ▶5年来高値＝4,000円(21/10)
- ▶5年来安値＝762円(18/12)
- ▶予想配当利回り＝2.6%
- ▶予想PER＝3.7〜4.0倍
- ▶利益剰余金＝32.5億円
- ▶有利子負債＝64.8億円

ジャスダック
★★★
対抗
候補銘柄

ウエストホールディングス（1407）
連続最高益、注目される再生可能エネルギーの本命企業

◇足元の好業績に加え、営業利益170億円を目標とする中期計画を評価

太陽光発電所（メガソーラー）の建設、保守、再生などの業務を全国展開、再生可能エネルギーの本命的な企業である。電力の小売りも行なっており、本社は広島県広島市に置いている。ジャスダック上場だが、2022年8月期の売上高は913億円、営業利益は117億円とメジャー級のスケールを誇る。

中期経営計画では2023年8月期に売上高1151億円、営業利益154億6000万円、2024年8月期に売上高1351億円、営業利益170億円を目標にしている。大幅増収、2ケタ増益が続く見通しである。この計画はポジティブであり、高く評価できる。

脱炭素の流れは世界的なトレンドであり、日本も2030～2040年には二酸化炭素の排出量を大幅に減らす必要がある。もちろん、足元の業績は連続最高益を更新中だ。2022年8月期の1株利益は170～180円、年間配当は55円とする。

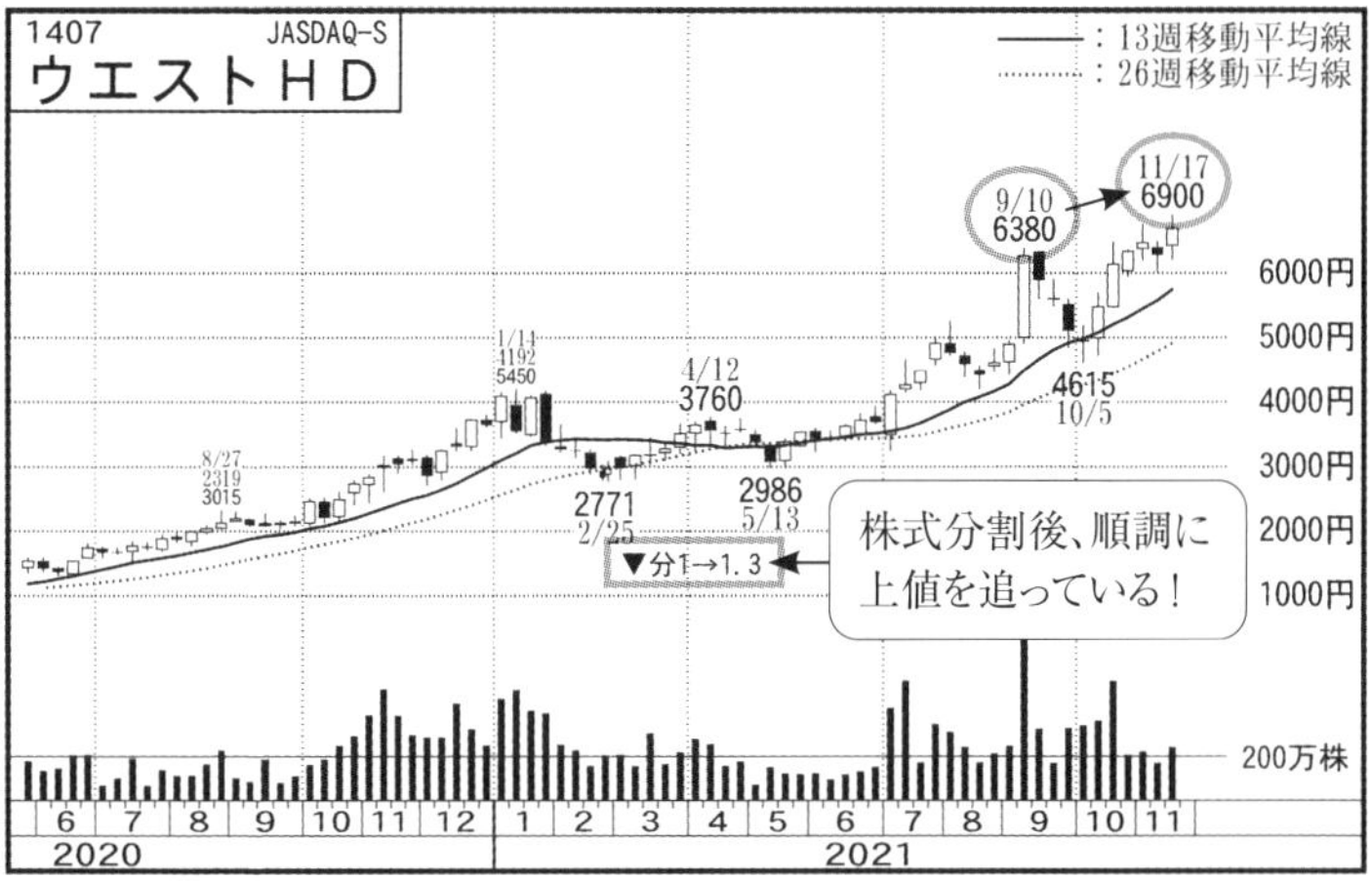

●**理想的な上昇トレンドが継続中**　堅調相場が続いている。2021 年は 2 月 25 日に 2,771 円の安値を見たが、その後は上昇に転じた。6 月の第 3 週、移動平均線の 13 週線が 26 週線を上抜くと上値追いに拍車がかかり、好決算予想発表後の 11 月 17 日には 6,900 円まで駆け上がった。ただ、テーマ性、業績を考えると、ここは通過点にすぎないと思う。

■ 売買単位：100 株

直近株価＝6,280円 ➡ 2022年の目標株価＝8,160円

■データ

▶5年来高値＝**6,900円**(21/11)　▶5年来安値＝**379.3円**(18/3)

▶予想配当利回り＝**0.9%**　▶予想PER＝**35.8倍**

▶利益剰余金＝**222.5億円**　▶有利子負債＝**500.6億円**

ジャスダック
★★★★
大穴
候補銘柄

テセック(6337)

業績はV字型回復、円安効果が見込める半導体関連企業

◇今期純利益は12億円以上の黒字転換が有望、配当も大幅増

半導体用ハンドラ(最終検査装置)の国内トップ級企業である。売上高構成比率はハンドラが38%、テスターが35%、パーツその他が26%となっている。海外売上高比率は75%と高い。これは、海外での競争力の優位さを物語っている。当然、昨今の円安は追い風となろう。

現在、半導体業界は台湾、韓国勢を中心に10兆円単位の設備投資(今後3~10年)を続けている。同社は国内外の半導体メーカーにハンドラ、車載パワーデバイス向けのテスターなどを出荷、フル操業となっている。

2022年3月期は売上高が123%増の77億円、営業利益が15億円(前期は4億4800万円の赤字)とV字型の回復を見込んでいる。純利益は12億7000万円(同2億9000万円の赤字)の予想だ。1株利益は225円となる。配当は50円増の60円とする。この増配に、先行きに対する強気の見通しが端的に現れているといえるだろう。

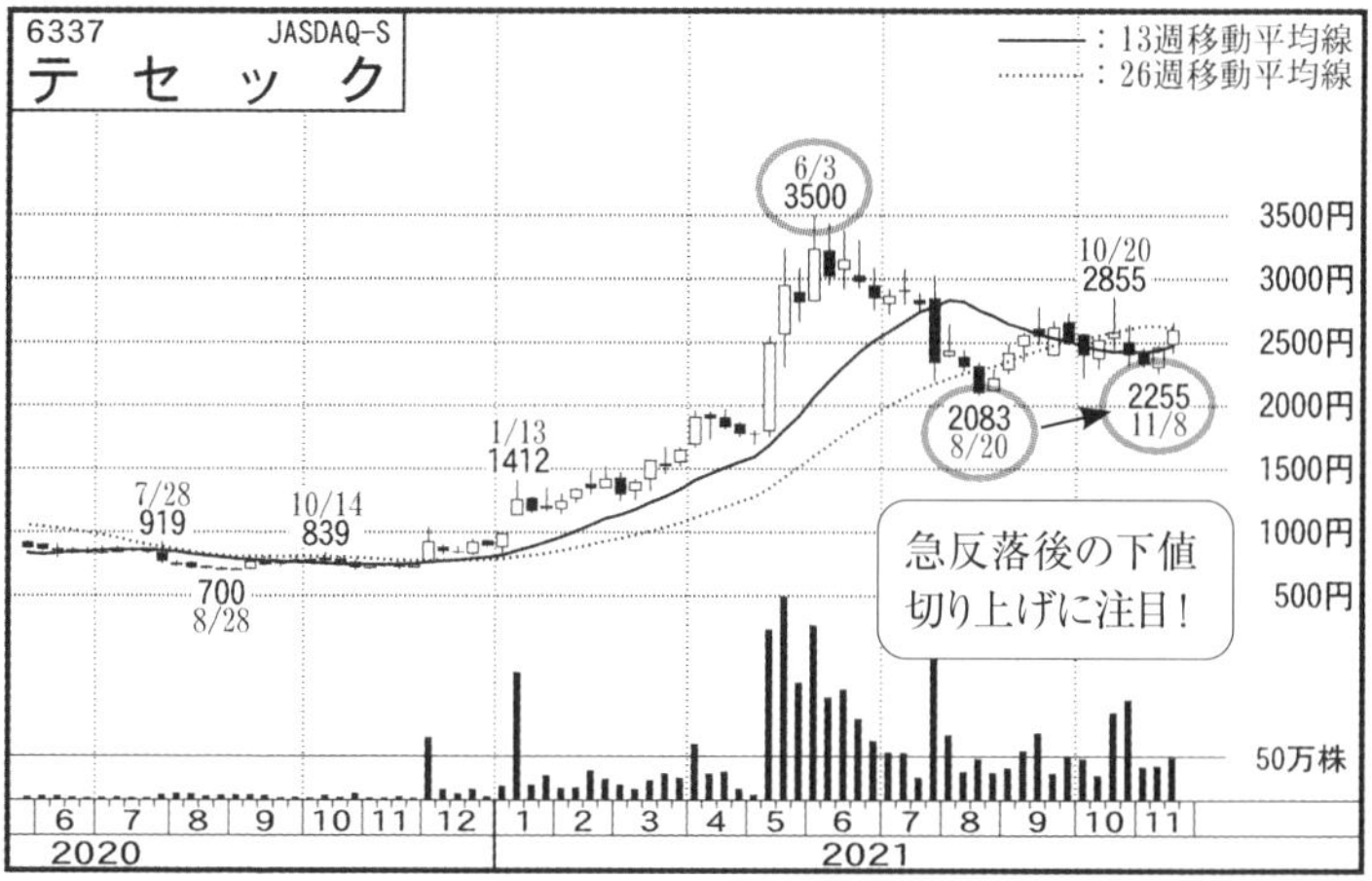

●日柄調整後の切り返しが有望　886円でスタートした2021年の株価は、その後、業績回復を先取りする形でジリ高となった。そして5月11日、2022年3月期の黒字転換見通しが発表されると、翌日のストップ高をはさんで、6月3日には3,500円まで急騰。直近は高値の7割程度まで下げているが、日柄調整が終了すれば、再騰機運が徐々に高まるだろう。

■ 売買単位：100株

直近株価＝2,463円 ➡ 2022年の目標株価＝3,440円

■データ

- ▶5年来高値＝**3,500円**(21/6)
- ▶5年来安値＝**685円**(20/3)
- ▶予想配当利回り＝**2.4%**
- ▶予想PER＝**11.0倍**
- ▶利益剰余金＝**38.2億円**
- ▶有利子負債＝**0円**

〈著者略歴〉 **杉村 富生**（すぎむら・とみお）

◎——経済評論家、個人投資家応援団長。
◎——1949年、熊本県生まれ。明治大学法学部卒業。「個人投資家サイドに立つ」ことをモットーに掲げ、軽妙な語り口と分かりやすい経済・市場分析、鋭い株価分析に定評がある。兜町における有望株発掘の第一人者といわれ、事実、数々のヒット銘柄を輩出している。金融・経済界に強力なネットワークを持ち、情報の正確さや豊富さでは他を圧倒している。
◎——ラジオNIKKEI『ザ・マネー』などにレギュラー出演中。株式講演会も好評を得ており、全国各地に熱烈な“杉村ファン”がいる。
◎——主な著書は『ウィズコロナ→ポストコロナはこの「厳選株」で攻略せよ！』『株は100万 3点買いで儲けなさい！』『新成長株で勝負せよ！』（小社）、『超高速取引に打ち勝つ！ 株の「トリプル投資」作戦』（ビジネス社）など。これまでの著書は100冊を超える。

【杉村富生の兜町ワールド】 https://www.e-stock.jp/

装丁 …………………………… 華本 達哉（aozora）
本文デザイン・イラスト … 笹森 識
本文校正 ……………………… 相良 孝道
チャートデータ提供 ……… ゴールデン・チャート社

老後資金2000万円はこの株でつくりなさい！

2021年 12月22日 第1刷発行

著 者——杉村 富生
発行者——徳留 慶太郎
発行所——株式会社すばる舎
〒170-0013 東京都豊島区東池袋3-9-7 東池袋織本ビル
TEL 03-3981-8651（代表） 03-3981-0767（営業部）
URL https://www.subarusya.jp/
印 刷——株式会社光邦

ISBN978-4-7991-1010-2